JN024929

マーマレードからタルト、スコーン、パウンドケーキ、
プリン、ゼリー、おまんじゅう、葛煮まで

柑橘のお菓子づくり

Natural & Elegant Citrus sweets

はじめに

レモンに柚子、すだちにかぼす、みかんに金柑、日向夏に八朔、
グレープフルーツ、ブラッドオレンジ——。
スーパーマーケットや青果店の店頭はもちろん、
自宅やご近所の庭先でも目にすることの多い柑橘。
日本人にとって、柑橘は最も身近な果実のひとつといえるでしょう。
種類が豊富で、秋の終わりから冬、そして初夏にかけて
旬を迎えるものが多いのが特徴です。
かつてはほぼ輸入物しかなかったブラッドオレンジやグレープフルーツですが、
最近では国産のものも手に入るようになってきました。

この本では、柑橘を使ったお菓子とその作り方を
ご紹介しています。

マクロビオティックやヴィーガンをベースにした
料理教室「roof」を主宰する今井ようこさんには、
卵・上白糖・乳製品を使わない
柑橘のナチュラルスイーツを作っていただきました。

素朴ながらも満足感のある味わいで、体への負担も少なく、
毎日でも安心して食べられます。
泡立てのコツや温度管理が要らず、使う道具も少ないので、
お菓子づくりに慣れていない方でも簡単に作ることができます。

フランス菓子をベースにした
華やかなお菓子づくりを得意とする藤沢かえでさんは、
バターや生クリームをしっかり使った、
味も見た目もエレガントなお菓子をご提案。
ハーブやラム酒を使った、上品で大人っぽい味のお菓子をご紹介しています。

おふたりとも、「柑橘の魅力は皮にこそある」と考え、
皮そのものを加工したお菓子や、
皮に詰まっている香りや風味を最大限に生かしたお菓子をご紹介しています。

この本では柑橘は国産のものを使っています。
柑橘は、できれば減農薬、手に入るようなら無農薬のものをお選びください。

柑橘のそれぞれの旬が巡ってきたら、
ぜひお菓子づくりにトライしてみてください。

contents

卵・白砂糖・乳製品なしの
柑橘のナチュラルスイーツ
Natural Citrus Sweets

フランス菓子ベースの
エレガントな柑橘のお菓子
Elegant Citrus Sweets

［ この本のルール ］

・大さじ1は15㎖、小さじ1は5㎖。

・オーブン使用の場合、電気でもガスでも本書のレシピ通りの温度と時間で焼いてください。ただし、メーカーや機種によって火力が違うので、様子を見ながら温度は5℃前後、時間は5分前後、調整してください。

・電子レンジは600Wのものを使用しています。500Wのものをお使いの場合は加熱時間を1.2倍にのばしてください。

・本書の柑橘は国産のものを使用しています。

卵・白砂糖・乳製品なしの
柑橘のナチュラルスイーツ
Natural Citrus Sweets

伊予柑マーマレード
→作り方は P8

ブラッドオレンジ・モロ
マーマレード
→作り方は P10

はるかマーマレード
→作り方は P10

柚子マーマレード
→作り方は P11

マーマレード 4 種

旬の柑橘を手に入れたら、
まず作りたいのはマーマレード。
甘さは控えめにして、
柑橘の香りや苦みを
ほどよく際立たせるレシピにしました。

伊予柑マーマレード

伊予柑が出回る季節は12〜3月。
果肉は柔らかくてジューシーで、糖度は高めです。
甘みと酸味のバランスがよいマーマレードに仕上がります。

材料 作りやすい分量

伊予柑 … 2個

てんさい糖 … 適量

下準備

＊保存瓶を消毒する（P47）。

(保存期間)

・冷蔵庫で2〜3週間、冷凍庫で約半年間保存可能です。

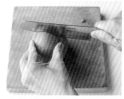

1 伊予柑はよく洗い、皮に包丁を5mmほど入れ、ぐるっと一周切り込みを入れる。十字になるようにさらに一周切り込みを入れて皮をむく。

2 皮についたワタはスプーンで軽くそぎ落とす。

3 ②の皮をせん切りにする。

4 ③の皮を沸騰したお湯で5分ゆでてざるにあげる。苦みが苦手な人は、これを3〜5回繰り返すとよい（または、一度ゆでた皮を冷水に取って優しくもみ洗いし、ひと晩水につける）。

5 薄皮をむき、実と種を取り出す。薄皮と種はお茶パックに入れる。実を取り出したときに出る果汁も取っておく。

6 ④の皮と、⑤の実と果汁の重さを量り、総量の30％のてんさい糖を用意する。鍋に皮と実と果汁、てんさい糖を入れて混ぜ、てんさい糖が溶けるまで1〜2時間おく。

7 鍋に⑤のお茶パックを入れて中火にかけ、沸騰したら強めの弱火にし、ふたをずらしてのせ、たまに混ぜながら15〜20分煮る。

8 熱いうちに消毒した保存瓶に入れる。

はるかマーマレード

はるかが出回る季節は2〜3月。果肉はプリプリとして弾力があります。苦みや酸味はほとんどなく、さっぱりとした甘さが特徴です。軽く、爽やかなマーマレードが好きな方におすすめ。

材料 作りやすい分量

はるか … 2個
てんさい糖 … 適量

下準備

＊保存瓶を消毒する（P47）。

作り方 ＊写真はP9を参考にしてください。

1 はるかはよく洗い、皮に包丁を5mmほど入れ、ぐるっと一周切り込みを入れる。十字になるようにさらに一周切り込みを入れる。

2 皮についたワタはスプーンで軽くそぎ落とし、せん切りにする。

3 2の皮を沸騰した湯で5分ゆでてざるにあげる。苦みが苦手な人は、これを3〜5回繰り返すとよい（または、一度ゆでた皮を冷水に取って優しくもみ洗いし、ひと晩水につける）。

4 薄皮をむき、実と種を取り出す。薄皮と種はお茶パックに入れる。実を取り出したときに出る果汁も取っておく。

5 3の皮と、4の実と果汁の重さを量り、総量の30％のてんさい糖を用意する。鍋に皮と実と果汁、てんさい糖を入れて混ぜ、てんさい糖が溶けるまで1〜2時間おく。

6 5の鍋に4のお茶パックを入れて中火にかけ、沸騰したら強めの弱火にし、ふたをずらしてのせ、たまに混ぜながら15〜20分煮る。

7 熱いうちに消毒した保存瓶に入れる。

ブラッドオレンジ・モロマーマレード

国産のブラッドオレンジのモロ種が出回る季節は2〜3月。アメリカ産は1月の終わりから4月ごろになります。果肉が赤く、少し漢方薬のような香りがする、甘く濃厚な味の個性的なオレンジです。

材料 作りやすい分量

ブラッドオレンジ・モロ … 2個
てんさい糖 … 適量
＊ブラッドオレンジ・モロは国産のものを使用。

下準備

＊保存瓶を消毒する（P47）。

作り方 ＊写真はP9を参考にしてください。

「伊予柑マーマレード」（P9）の作り方と同じ。

柚子マーマレード

保存期間

・冷蔵庫で2〜3週間、冷凍庫
　で約半年間保存可能です。

黄色く色づいた柚子が出回る季節は10〜1月。黄柚子で作るマーマレードは、独特の香りが特徴的で苦みはやや強め。酸味はあまり感じません。パンに塗っても緑茶に入れても楽しめます。

材料 作りやすい分量

黄柚子 … 2個

てんさい糖 … 適量

下準備

＊保存瓶を消毒する（P47）。

作り方 ＊写真はP9を参考にしてください。

1　柚子はよく洗い、包丁でぐるりと皮をむくⓐ。

2　皮についたワタは包丁で軽くそぎ落としⓑⓒ、皮をせん切りにする。

3　2の皮を沸騰した湯で5分ゆでてざるにあげる。苦みが苦手な人は、これを3〜5回繰り返すとよい（または、一度ゆでた皮を冷水に取って優しくもみ洗いし、ひと晩水につける）。

4　薄皮をむき、実と種を取り出す。薄皮と種はお茶パックに入れる。実を取り出したときに出る果汁も取っておく。

5　3の皮と、4の実と果汁の重さを量り、総量の30％のてんさい糖を用意する。鍋に皮と実と果汁、てんさい糖を入れて混ぜ、てんさい糖が溶けるまで1〜2時間おく。

6　5の鍋に4のお茶パックを入れて中火にかけ、沸騰したら強めの弱火にし、ふたをずらしてのせ、たまに混ぜながら15〜20分煮る。

7　熱いうちに消毒した保存瓶に入れる。

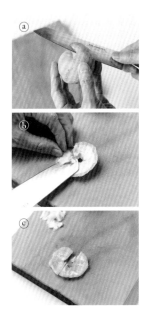

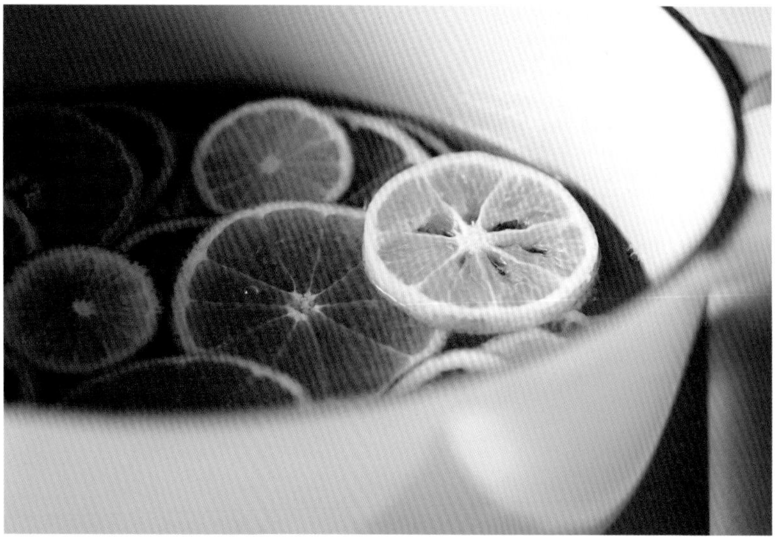

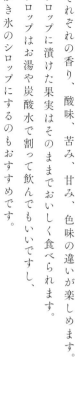

さまざまな柑橘をハーブで香りをつけて甘く煮た、
スパイシーなハーブシロップです。
それぞれの香り、酸味、苦み、甘み、色味の違いが楽しめます。
シロップに漬けた果実はそのままでおいしく食べられます。
シロップはお湯や炭酸水で割って飲んでもいいですし、
かき氷のシロップにするのもおすすめです。

柑橘のスパイスハーブシロップ

材料 作りやすい分量

好みのオレンジ（せとか、清見、はるみなど）… 2種類を各1個
黄金柑、湘南ゴールドなどの好みの柑橘 … 1個
ブラッドオレンジ・モロ … 1個
レモンまたはライム … 1個
A 水 … 600mℓ
　てんさいグラニュー糖 … 140g
B しょうが … 10g
　クローブ … 3〜4粒
　シナモンスティック … 1本
　レモングラス … 10本（15cmくらいのもの）
　ミント … 4〜5枚

作り方

1 柑橘は厚さ5mmの輪切りにしⓐ、竹串などで種を取るⓑ。Bのしょうがは皮をむかずに薄切りにする。
2 鍋にAを入れて火にかける。沸騰したら1とBを加えるⓒ。
3 ふたをして弱火で10分煮る。
4 粗熱が取れたら保存容器に入れる。

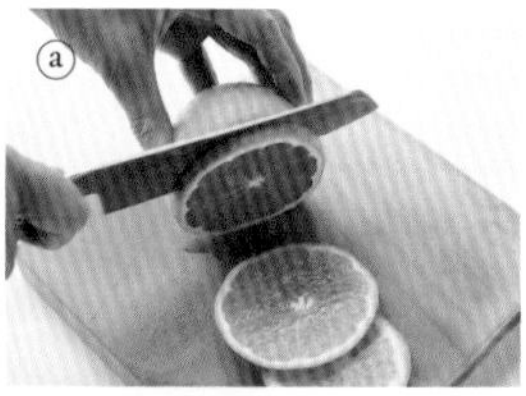

ⓐ

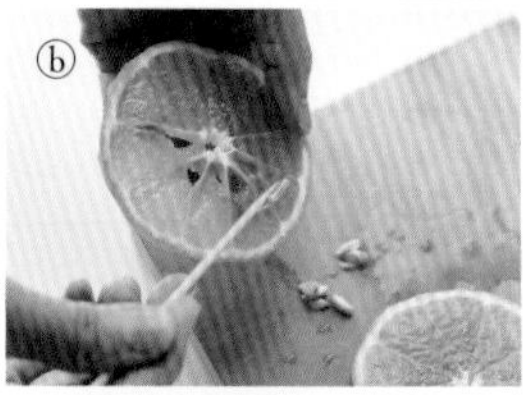

ⓑ

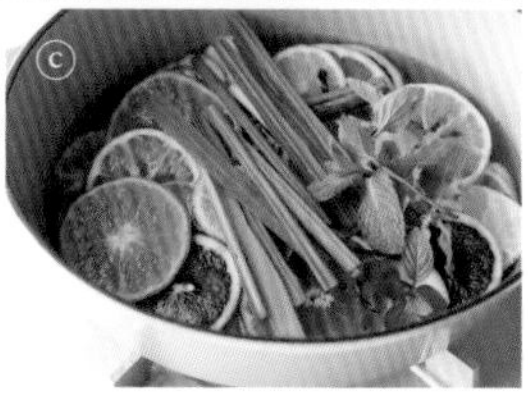

ⓒ

保存期間

・冷蔵庫で4〜5日間保存可能です。

柑橘ピール

材料 作りやすい分量

柑橘（八朔または、はるか）… 100g
てんさい糖 … 30g（柑橘の重量の30%）
A 柑橘の搾り汁（八朔または、はるかの搾り汁）
　│　… 大さじ2〜3
　│ グランマルニエ … 大さじ1
（好みで）てんさいグラニュー糖 … 適量

下準備

＊天板にオーブンシートを敷く。

作り方

1　柑橘はよく洗い、皮に包丁を5mmほど入れ、ぐるっと一周切り込みを入れる。十字になるようにさらに一周切り込みを入れて皮をむく@。

2　皮についたワタはスプーンで軽くそぎ落とす⑥。

3　2の皮を沸騰したお湯で10分ゆでて©、ざるにあげる。苦みが苦手な人は、これを3〜5回繰り返すとよい。

4　3の皮を、1cm幅に切る@。

5　鍋に4の柑橘とてんさい糖を入れてからめ、20〜30分おいてなじませる⑥。Aを回し入れて火にかけ、沸騰したら弱火で汁けがなくなるまで煮る①。

6　天板に5を並べ⑨、100℃に予熱したオーブンで30〜40分焼き、乾燥させる。冷めたら容器に入れ、冷蔵庫で保存する。好みでてんさいグラニュー糖をまぶす。

甘く煮た柑橘の皮をオーブンでセミドライにしました。半生のピールは弾力があり、ジューシーさも残って、手作りならではのおいしさを味わえます。ここでは、色違いで八朔とはるかで作りましたが、好みの柑橘でかまいません。

保存期間

・冷蔵庫で2〜3週間保存可能です。

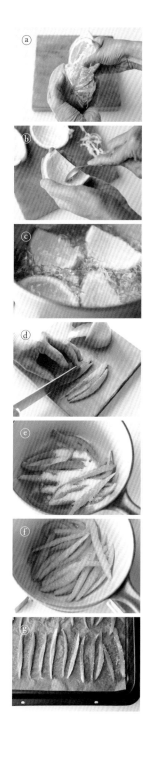

柑橘ピールをチョコレートにつけて
柑橘チョコピールにアレンジしました。
チョコピールにするときは、てんさい
グラニュー糖はまぶさないでおきます。

柑橘チョコピール

材料 作りやすい分量

柑橘ピール（P14）… 適量
ヴィーガンチョコレート … 適量

作り方

チョコレートを湯煎で溶かし、柑橘ピー
ルを半分ほど浸してチョコレートをつけ
る@。網にオーブンシートを敷き、その
上に並べて乾かす。

金柑がお店に並ぶのは、12月から3月くらいまで。生で皮ごと食べられます。

金柑はビタミンCが豊富で、咳止め作用があるシネフリンも含まれていて、身体にいい果物です。

お茶受けとして、または、アイスクリームやヨーグルトに添えるのもおすすめです。ぜひ作り置きしてください。

材料 作りやすい分量

金柑 … 200g

A てんさい糖 … 30g
 ＊甘みを強くしたい場合は40gでも可。
 白ワイン … 大さじ2

レモンの皮 … 2〜3枚

金柑のコンポート

保存期間
・冷蔵庫で7〜10日間保存可能です。

作り方

1 金柑は横半分に切り、竹串などで種を取る@。

2 鍋に1を入れ、金柑が半分つかる程度の水（分量外）を入れる。Aを加えて軽く混ぜ、全体になじませたらレモンの皮を入れて中火にかける。

3 沸騰したら、ふたをして弱火で8〜10分煮る。

4 粗熱が取れたら保存容器に入れる。

ジューシーでフレッシュな金柑に豆乳チョコクリームを組み合わせました。金柑の香りと甘みに豆乳チョコクリームの少しの苦みが相まって、洗練された味わいが楽しめます。金柑を生からコンポートに代えると、甘く濃厚になります。お好みで、チョコクリームにアマレットなどのお酒を入れてもおいしくなります。

金柑チョコクリーム

材料　6個分

金柑 … 3個
＊金柑のコンポート（P16）でもよい。

A　無調整豆乳 … 200㎖
　　ヴィーガンチョコレート … 20g
　　ココアパウダー … 大さじ2
　　てんさい糖 … 大さじ2
　　メープルシロップ … 大さじ1
カカオニブ … 適量
ピスタチオ … 適量

下準備

＊ピスタチオを粗く刻む。

作り方

1　小鍋にAの材料を入れて中火にかける。

2　ふつふつしてきたら強めの弱火にし、とろりとするまで混ぜながら8～10分煮詰める。

3　2を冷まし、冷蔵庫でひと晩冷やす（しっかり寝かせることで味がよくなじむ）。

4　金柑を横半分に切り、竹串などで種を取る。

5　3のチョコクリームを口径1.2㎝の丸口金をつけた絞り袋に入れ、金柑に絞りⓐ、カカオニブ、ピスタチオをかける。

フレッシュ金柑の
型いらずタルト

さつまいもペーストとフレッシュな金柑をのせた、
型なしで作れるタルトです。
ビスケットのようなさっくりした食感のタルト台と
甘くねっとりしたさつまいもの相性は抜群。
そこに、金柑の香りがふわっと香ります。
秋から冬にかけてぴったりのお菓子です。

材料　直径20cm

金柑 … 6～8個

さつまいも … 150g

A　てんさい糖 … 20～30g
　　メープルシロップ … 大さじ1～2
　　シナモンパウダー … 小さじ1/3
　　無調整豆乳 … 適量

［タルト生地］

B　薄力粉 … 100g
　　片栗粉 … 30g
　　てんさい糖 … 20g
　　塩 … ひとつまみ

C　植物性油 … 大さじ4
　　無調整豆乳 … 大さじ2

メープルシロップ … 大さじ2

てんさいグラニュー糖 … 適量

下準備

＊すべての材料を室温に戻す。

＊天板にオーブンシートを敷く。

＊オーブンを170℃に予熱する。

＊金柑を横半分に切り、竹串などで種を取る。

作り方

1　湯気の上がった蒸し器でさつまいもを竹串がすっと通るまで蒸す。皮はむいてもむかなくてもよい。ボウルに入れてフォークでつぶし、Aを加えて混ぜ合わせる。

［タルト生地を作る］

2　ボウルにBを入れてゴムべらで混ぜる。

3　別のボウルにCを入れて泡立て器でよく混ぜる。

4　2のボウルに3を少量残して加え、ゴムべらでさっくりと混ぜる@。生地がまとまってきたら手でひとまとめにする(b)。まとまりにくいときは残った3を入れて合わせる。

5　4を丸め、オーブンシートにのせてラップをかぶせる。めん棒で厚さ5mm、直径23cmの丸形にのばす(c)。

6　端を内側にねじ込むようにして立ち上げ、縁を作る(d)。

7　6のタルト台の底全体にフォークで穴をあける(e)。1を全体に広げ、半分に切った金柑をのせる。

8　メープルシロップを全体にかけ(f)、縁にてんさいグラニュー糖をふり、170℃に予熱したオーブンで25分焼く。

レモンの香りが豊かに立ち昇る、
ザクザクした食感のスコーンです。
くるみの香ばしさとメープルシロップの
コクのある甘みは、レモンとよく合います。
仕上げのアイシングとレモンの皮の分量はお好みで。
スコーンの生地をまとめるとき、
こねないことがおいしく作るポイントです。

レモンスコーン

米粉を使った軽やかな食感の
グルテンフリークッキーです。
リッチな風味のアーモンドプードルと
爽やかなレモン、そしてタイムを加えて
少し個性的な味にしてみました。
チョコレートは、白砂糖や乳化剤を
使用していないヴィーガンのものを
使っています。

レモンとタイムの米粉クッキー

レモンスコーン

材料 6個分

A 薄力粉 … 300g
　てんさい糖 … 50g
　ベーキングパウダー … 小さじ2
　塩 … ひとつまみ
植物性油 … 100mℓ
B レモンの皮 … 1〜1と1/2個分
　くるみ（ロースト） … 60g
C 無調整豆乳 … 50mℓ
　メープルシロップ … 大さじ3

［アイシング］
D てんさい糖 … 大さじ3
　レモン果汁 … 小さじ1と1/2
レモンの皮 … 適量

下準備

＊天板にオーブンシートを敷く。
＊Bのレモンの皮は黄色い部分をむき、せん切りにする。
＊Bのくるみを細かく砕く。
＊オーブンを170℃に予熱する。

作り方

1　ボウルにAを入れてゴムべらで均一になるように混ぜる。植物性油を回し入れて、大きなダマがなくなるまで指先ですり合わせるⓐ。Bを加えてゴムべらで軽く混ぜる。

2　別のボウルにCを入れて泡立て器でよく混ぜる。

3　1に2の2/3量を入れ、こねないようにゴムべらで混ぜるⓑ。

4　生地がまとまってきたら手でひとまとめにするⓒ。粉がまとまりにくいときは残った2を加えてまとめる。ベタつくようなら薄力粉（分量外）を足して、手につかない程度にする。

5　4の生地を半分に分けて重ねⓓ、軽く押さえるⓔ。このとき決してこねないこと。この作業を2〜3回繰り返す。

6　5を厚さ3〜4cmの正方形にし、四方を薄く切って形を整えるⓕ。切った生地を底につけⓖ、全体を6等分に切り、天板に並べる。

7　6を170℃に予熱したオーブンで20〜25分焼き、粗熱を取る。

8　ボウルにDを入れて、やさしく混ぜながら湯煎にかけ、アイシングを作るⓗ。

9　7のスコーンに8をランダムにかけⓘ、レモンの皮をすりおろしながらかける。

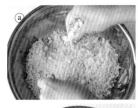

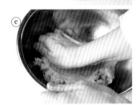

レモンとタイムの米粉クッキー

材料 20個分

A 米粉 … 70g

片栗粉 … 30g

アーモンドプードル … 40g

てんさい糖 … 30g

塩 … ひとつまみ

レモンの皮のすりおろし … 1/2個分

タイム … 3〜4枝

B 植物性油 … 大さじ3

無調整豆乳 … 大さじ2

レモン果汁 … 大さじ1

ヴィーガンチョコレート … 40g

下準備

＊天板にオーブンシートを敷く。

＊チョコレートを粗く刻む。

＊**A**のタイムは葉を取る。

＊オーブンを160℃に予熱する。

作り方

1 ボウルに**A**を入れてゴムべらで均一に
なるように混ぜる。

2 別のボウルに**B**を入れて泡立て器でよ
く混ぜる。

3 1に2を入れ、ゴムべらでさっくりと混ぜ、
チョコレートも加えてさらに混ぜる。生
地がまとまってきたら手でひとまとめにす
る。

4 3を10gずつにちぎって天板に並べ、
形を軽く整える。

5 160℃に予熱したオーブンで15分、
150℃に下げてさらに10〜12分焼く。

柑橘と紅茶の
パウンドケーキ

柑橘と紅茶は、定番中の定番の組み合わせ。

紅茶は、柑橘（ベルガモット）の香りのする

アールグレイを使ってもいいですが、

今回はあえて香りにくせのないダージリンと合わせて、

フレッシュな柑橘の香りを引き立たせました。

パウンドケーキはアーモンドプードルを加えて、

しっとり仕上げています。

材料　縦15×横7.5×高さ6cmのパウンド型1台分

好みの柑橘ピール（P14）… 30g
＊ここでははるかピールを使用。

A 薄力粉 … 120g
　アーモンドプードル … 60g
　てんさい糖 … 40g
　ベーキングパウダー … 小さじ1
　紅茶の茶葉（ダージリン）… 小さじ1

B 無調整豆乳 … 70mℓ
　メープルシロップ … 大さじ3
　植物性油 … 大さじ2
　レモン果汁 … 大さじ2
　レモンの皮のすりおろし … 1個分

C てんさい糖 … 大さじ4
　レモン果汁 … 小さじ2

ドライレモンの薄切り（P45）… 2枚

下準備

＊型にオーブンシートを敷く。

＊Aの薄力粉をふるう。

＊柑橘ピールを粗く刻む。

＊オーブンを170℃に予熱する。

作り方

1　ボウルにAを入れてゴムべらで均一になるよう
　に混ぜる。

2　別のボウルにBを入れて泡立て器でよく混ぜる。

3　1に2を入れてゴムべらでさっくりと混ぜ、刻ん
　だ柑橘ピールを加えて混ぜるⓐ。

4　型に3を流し入れ、170℃に予熱したオーブン
　で25〜30分焼く。

5　ボウルにCを入れて、やさしく混ぜながら湯煎
　にかけて、てんさい糖を溶かす。

6　5にとろみがついたらⓑ、冷めた4にかけるⓒ。
　仕上げにドライレモンを飾る。

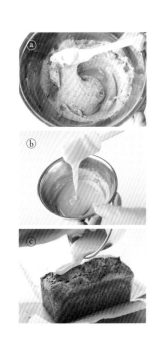

柑橘マーマレードのフロランタン

フランスの伝統菓子「フロランタン」を
ヴィーガンのレシピで作りました。
クッキー生地に、伊予柑マーマレードと
甘くコーティングしたナッツを敷き詰めています。
甘みと酸味のバランスが絶妙で、
伊予柑の香りが口いっぱいに広がります。
マーマレードは
お好みの柑橘で作ってください。

材料　15cm四方の角型1台分

好みの柑橘マーマレード（P8〜11）
　　… 100g
＊ここでは伊予柑マーマレード（P8）を使用。

A 全粒薄力粉 … 60g
　薄力粉 … 60g
　てんさい糖 … 20g

B 植物性油 … 大さじ3
　無調整豆乳 … 大さじ1
　メープルシロップ … 小さじ1

C 米あめ … 大さじ2
　＊なければはちみつ大さじ2でも可。
　メープルシロップ … 大さじ2
　無調整豆乳 … 大さじ1
　植物性油 … 大さじ1
　塩 … ひとつまみ

D アーモンドスライス … 60g
　ヘーゼルナッツ … 20g

下準備

＊オーブンシートを型の大きさに合わせて
　切る。四隅は斜めに切り込みを入れる。
＊Dのヘーゼルナッツを細かく砕く。
＊柑橘マーマレードをハンドブレンダーなど
　で粗いペースト状にする。
＊オーブンを180℃に予熱する。

作り方

1　ボウルにAを入れてゴムべらで均一
　になるように混ぜる。

2　別のボウルにBを入れて泡立て器
　でよく混ぜる。

3　1のボウルに2を少量残して加え、
　ゴムべらでさっくりと混ぜる。生地が
　まとまってきたら手でひとまとめにす
　る@。まとまりにくいときは残った2
　を入れて合わせる。

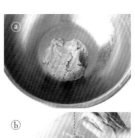

4　3をオーブンシートにのせて、手で
　四角形に成形する。ラップをかぶ
　せ、めん棒で15cm四方に（切り込
　みを入れたところまで）のばす⑤。

5　4をオーブンシートのまま型に入れ、
　型の縁に生地をしっかり押しつけ
　©、フォークで全体に穴をあける⑥。

6　5を180℃に予熱したオーブンで
　20分、表面に軽く焦げ目がつくまで
　焼く。

7　6の全体に柑橘マーマレードを塗る
　⑥。オーブンを180℃に予熱する。

8　鍋にCの材料を入れ、弱めの中火
　にかける。耐熱性のへらで混ぜな
　がら、ふつふつしてきたら1分で火
　を止める①。

9　8にDを入れて混ぜ合わせ、手早く
　7に入れて⑨、全体に広げる。

10　180℃に予熱したオーブンに9を入
　れ、15〜20分焼く。

柑橘ピールのチョコサンドクッキー

材料 7×5.5cmのクッキー型16枚分

好みの柑橘ピール（P14）… 24g
＊ここでははるかピールを使用。

A ココアパウダー … 大さじ3
　てんさい糖 … 大さじ2
　メープルシロップ … 大さじ2
　無臭ココナッツオイル … 大さじ2
　無調整豆乳 … 200mℓ
　ヴィーガンチョコレート … 50g

B 薄力粉 … 200g
　片栗粉 … 40g
　アーモンドプードル … 40g
　てんさい糖 … 20g
　ベーキングパウダー … ふたつまみ
　塩 … ひとつまみ

C 米油 … 大さじ3
　メープルシロップ … 大さじ2
　無調整豆乳 … 大さじ1

下準備

＊チョコレートを粗く刻む。
＊柑橘ピールを粗く刻む。
＊オーブンを160℃に予熱する。
＊天板にオーブンシートを敷く。

作り方

1　鍋にAのココアパウダーとてんさい糖を入れて、Aの残りの材料を順に加えながら、その都度ゴムべらで混ぜ合わせるⓐ。

2　1の鍋を火にかけて、沸騰したら弱火にし、3〜4分加熱しながら混ぜ合わせるⓑ。容器に移して冷蔵庫で冷やす。

3　ボウルにBを入れてゴムべらで均一になるように混ぜる。

4　別のボウルにCを入れて泡立て器でよく混ぜる。

5　3に4を少量残して加え、ゴムべらでさっくりと混ぜる。生地がまとまってきたら手でひとまとめにするⓒ。まとまりにくいときは、残った4を入れて合わせる。

6　5をオーブンシートの上にのせてラップをかぶせ、めん棒で厚さ5mmにのばしⓓ、型で抜くⓔ。型で抜いたあとの残った生地は再度手でひとまとめにしてめん棒でのばし、型で抜く。全部で16枚作る。

7　6を天板にのせ、160℃に予熱したオーブンで10分、150℃に下げて10〜15分焼く。粗熱を取る。

8　2のチョコクリームを口径1cmの星口金をつけた絞り袋に入れ、クッキー8枚の裏面全体に絞るⓕ。

9　8に柑橘ピールを散らしⓖ、もう1枚のクッキーで挟む。

口溶けのよいサクサクのクッキーに、
ほろ苦いヴィーガンチョコクリームと、
やや苦みのある柑橘ピールを挟んで、
大人っぽい味に仕上げました。
柑橘の風味を生かすために、
ココナッツオイルは無臭タイプにしました。
クッキー型はお好みのもので。

ごまクリームの柚子タルト

ごまと柚子は、和菓子では手堅い組み合わせ。柚子の風味をつけた黒ごまのタルト生地に、濃厚な黒ごまクリームをたっぷりのせました。黒ごまクリームは豆腐ベースなので優しい食べ心地です。仕上げに柚子の皮をたっぷりかけてお召し上がりください。

材料 直径18cmのタルト型1台分

柚子マーマレード（P11）… 120g

［タルト生地］

A 薄力粉 … 120g
　 てんさい糖 … 10g
　 黒炒りごま … 大さじ1

B 植物性油 … 大さじ3
　 無調整豆乳 … 大さじ2

C アーモンドプードル … 100g
　 薄力粉 … 50g
　 ベーキングパウダー … 小さじ1/3
　 塩 … ひとつまみ
　 柚子の皮のすりおろし
　　　 … 小さじ1と1/2

D メープルシロップ … 大さじ3
　 植物性油 … 大さじ2
　 無調整豆乳 … 大さじ2

E 木綿豆腐 … 150g
　 アガベシロップ … 大さじ3
　 ＊てんさい糖大さじ3でもよい。
　　 ただし風味は変わる。
　 黒ごまペースト … 小さじ1と1/2

柚子の皮 … 適量（仕上げ用）

下準備

＊沸騰した湯にEの木綿豆腐を入れ、弱火で5分ゆでる。ボウルにざるを重ね、豆腐をペーパータオルで包んでのせる。重石をのせて30〜60分おき、水きりする。

＊オーブンを180℃に予熱する。

作り方

1 ボウルにAを入れてゴムべらで均一になるように混ぜる。

2 別のボウルにBを入れて泡立て器でよく混ぜる。

3 1のボウルに2を入れてゴムべらで混ぜ@、生地がまとまってきたら手でひとまとめにするⓑ。

4 3の生地を丸め、オーブンシートの上にのせてラップをかぶせる。めん棒で型よりひと回り大きくのばすⓒ。

5 4の生地をめん棒にかけて型に敷きⓓ、めん棒を型の上で転がして縁の生地を切る。生地と型に隙間ができないように指先を使って縁に生地を沿わせ ⓔ、底にフォークで穴をあける。

6 ボウルにCを入れてゴムべらで均一になるように混ぜる。別のボウルにDを入れて泡立て器でよく混ぜたら、Cのボウルに加えてゴムべらでよく混ぜる。

7 5のタルト台に6を敷き詰めⓕ、180℃に予熱したオーブンで20〜25分焼く。

8 Eをハンドブレンダーでツヤが出るまで攪拌するⓖ。

9 7に柚子マーマレードを広げ、その上に8をのせて広げるⓗ。仕上げに柚子の皮をすりおろして散らすⓘ。

酸味がやや強く、さっぱりした甘さの八朔。

小ぶりなタルト台に、八朔の香りが漂う

米粉のカスタードクリームをたっぷりと敷き詰め、

マーマレードとフレッシュな八朔の実をのせました。

まさに八朔ずくめの一品です。

お好みで伊予柑やオレンジ、

グレープフルーツなどで作ってみてもいいでしょう。

八朔のフレッシュタルト

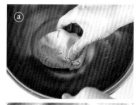

材料　直径10cmのタルト型3台分

八朔 … 1〜2個
＊好みの柑橘でもよい。

［タルト生地］

A 薄力粉 … 120g
│ てんさい糖 … 20g

B 植物性油 … 大さじ3
│ 無調整豆乳 … 大さじ2

［米粉のカスタードクリーム］

C 無調整豆乳 … 150mℓ
│ 米粉 … 15g
│ てんさい糖 … 15g
│ メープルシロップ … 大さじ1と1/2
│ 粉寒天 … 小さじ1/3
│ バニラビーンズ … 1cm

八朔の皮のすりおろし … 小さじ1/2
好みの柑橘マーマレード（P8〜11）
　　… 好みの分量
八朔の皮のせん切り … 適量

下準備

＊八朔はよく洗い、5mmほどの深さで、ぐるっと一周十字に切り込みを入れ皮をむく。房から実と種を取り出しておく（P9参照）。
＊Cのバニラビーンズのさやに切り込みを入れて種をかき出す。さやも取っておく。
＊オーブンを170℃に予熱する。

作り方

1　ボウルにAを入れてゴムべらで均一になるように混ぜる。

2　別のボウルにBを入れて泡立て器でよく混ぜる。

3　1のボウルに2を入れてゴムべらで混ぜ、生地がまとまってきたら手でひとまとめにする ⓐ。

4　3の生地を3等分にして丸める ⓑ。オーブンシートの上にのせてラップをかぶせ、めん棒で型よりひと回り大きくのばす ⓒ。

5　4の生地を型に敷き、縁の生地を手で切る。生地と型に隙間ができないように指先を使って縁に生地を沿わせ ⓓ、底にフォークで穴をあける。

6　5を170℃に予熱したオーブンで20分焼く。6〜7分たったら様子を見て、底が膨らんでいたらフォークで穴をあけて膨らみをつぶす ⓔ。

7　鍋にCの豆乳以外の材料を入れ、豆乳を少しずつ加えてゴムべらで混ぜ合わせる。八朔の皮をすりおろして入れる ⓕ。

8　7を中火にかけ、ゴムべらで混ぜながら煮詰め、とろみがついてきたら弱火にし、2〜3分火を入れる ⓖ。

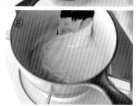

9　6のタルト台に8を均等に入れる。冷めたら柑橘マーマレードを全体にのせ ⓗ、八朔の実をほぐしてのせる。八朔の皮のせん切りを散らす。

「柑橘のスパイスハーブシロップ」の柑橘と、スパイスをたっぷり混ぜ込んだチョコレートケーキを合わせた、アップサイドダウンケーキです。材料を混ぜて焼くだけなので、誰でも簡単に作れます。

柑橘のスパイシーアップサイドダウンケーキ

柑橘の彩りショートケーキ

さまざまな柑橘の酸味や甘み、香り、色味が楽しめるショートケーキです。柑橘の実を少し混ぜた豆乳クリームがポイント。柑橘の風味を生かすために、ココナッツオイルは無臭タイプにしました。

柑橘のスパイシー
アップサイドダウンケーキ

材料 縦15×横7.5×高さ6cmのパウンド型1台分

柑橘のスパイスハーブシロップ (P12) の柑橘
　… 大小合わせて5〜6枚
A 薄力粉 … 90g
　アーモンドプードル … 40g
　ココアパウダー … 20g
　てんさい糖 … 30g
　ベーキングパウダー … 小さじ1
　重曹 … 小さじ1/4
　シナモンパウダー … 小さじ1/4
　カルダモンパウダー … 小さじ1/4
　クローブパウダー … 少々
　塩 … ひとつまみ
B 無調整豆乳 … 60㎖
　米油 … 大さじ1と1/2
　メープルシロップ … 大さじ2
　オレンジ果汁 … 大さじ1と1/2
ヴィーガンチョコレート … 30g

下準備

＊**A**の薄力粉をふるう。
＊チョコレートを粗く刻む@。
＊型にオーブンシートを敷く。
＊オーブンを170℃に予熱する。

作り方

1　柑橘のスパイスハーブシロップか
　ら柑橘を取り出し、ペーパータオ
　ルで水けをふきⓑ、型の底に並
　べるⓒ。

2　ボウルに**A**を入れてゴムべらで均
　一になるように混ぜる。

3　別のボウルに**B**を入れて泡立て
　器でよく混ぜる。

4　2のボウルに3を入れてゴムべら
　でさっくりと混ぜる。チョコレート
　を加えてしっかり混ぜ型に入れ
　るⓓ。

5　4を170℃に予熱したオーブン
　で25〜35分焼く。

柑橘の彩り
ショートケーキ

材料 直径12cmの丸型1台分

ブラッドオレンジ・モロマーマレード（P10）
　… 適量
＊好みの柑橘マーマレード（P8〜11）でもよい。

［スポンジケーキ］

A 薄力粉 … 120g
　アーモンドプードル … 30g
　てんさい糖 … 30g
　ベーキングパウダー … 小さじ1
　塩 … ひとつまみ

B 植物性油 … 大さじ1と1/2
　メープルシロップ … 大さじ1と1/2
　豆乳 … 120mℓ

［豆乳ヨーグルトクリーム］

C 豆乳ヨーグルト … 300g
　てんさい糖 … 40g
　無臭ココナッツオイル … 30g
　好みの柑橘の実 … 20g

柑橘の実（オレンジ、八朔、ブラッドオレンジ・モロなど）
　… 好みの分量（飾り用）

下準備

＊ボウルにざるとペーパータオルをおいて重ね、Cの豆乳ヨーグルトを入れる。ひと晩水きりして、半量（150g）にする ⓐ。
＊Aの薄力粉をふるう。
＊型にオーブンシートを敷く。
＊オーブンを180℃に予熱する。

作り方

1 ボウルにAを入れてゴムべらで均一になるように混ぜる。

2 別のボウルにBを入れて泡立て器でよく混ぜる。

3 1のボウルに2を入れてゴムべらで混ぜ、生地がなめらかになったら型に流し入れる ⓑ。180℃に予熱したオーブンで20〜25分焼いて、冷ます。

4 ボウルにCを入れ、ブレンダーでなめらかになるまで攪拌し、冷蔵庫で冷やしておく。

5 柑橘は上下を厚めに切り落とし、ワタが残らないように皮をむく ⓒ。

6 実と薄皮の間に包丁を入れ ⓓ、実だけを取り出し ⓔ、ペーパータオルの上に並べて水けをきっておく。

7 3が冷めたら、上面を切って平らにし ⓕ、残りを3枚にスライスする ⓖ。

8 一番下のスポンジケーキにマーマレードと4を適量広げ ⓗ、スポンジを重ねる。もう1枚も同様にする。3枚目を重ね、4を塗り広げる。

9 6の柑橘の実は大きいものは半分に切り、中央に彩りよく飾る ⓘ。

材料 5個分

[柑橘あん]（作りやすい分量）

ひよこ豆 … 1/2カップ

小豆 … 1/2カップ

てんさい糖 … 大さじ6

塩 … ひとつまみ

黄金柑の皮のすりおろし … 小さじ3

[皮]

大和芋、またはつくね芋 … 30g

てんさい糖 … 大さじ3

上新粉 … 60g

黄金柑の皮 … 適量

下準備

＊ひよこ豆はひと晩水につけておく。

＊蒸し器の湯を沸かす。

作り方

[柑橘あんを作る]

1 　圧力鍋にひよこ豆と小豆を入れ、3倍量の水を入れて火にかける。

2 　圧がかかったら40分ほど炊き、火を止める。圧が抜けたらふたをあけ、水分が残っていたら火にかけて水分を飛ばす。豆がまだ固かったら再び圧をかけて炊く。

3 　2にてんさい糖を加え、弱めの中火にし、木べらで鍋底をかいたときに鍋底が見えるくらいまで煮詰める。

4 　塩を加えてひと混ぜし、バットに広げ、ラップを密着させて冷ます。

5 　4が冷めたら黄金柑の皮のすりおろしを混ぜる@。35gずつに丸める。
　＊あんは冷蔵庫で5日間保存可能です。

[皮を作る]

6 　大和芋は直火に当ててヒゲを燃やしⓑ、すり鉢で皮ごとすりおろすⓒ。

7 　6にてんさい糖を加え、よくすり混ぜる。上新粉を加え、ゴムべらで粉を練り込んでいくⓓ。

8 　粉けがなくなってきたら手でこねながらひとまとめにするⓔ。

9 　8を25gずつに丸め、上新粉（分量外）を敷いたバットに入れるⓕ。

10 　9を直径8cm程度の平たい丸形にのばし、5のあんをのせⓖ、包むⓗ。

11 　せいろに10よりひと回り大きめに切ったオーブンシートを敷き、10をのせ、黄金柑の皮をすりおろすⓘ。

12 　11に霧を吹き、蒸気の上がった蒸し器で10〜12分蒸す。

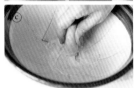

黄金柑は果汁が多く、酸味は控えめ、見た目に反して甘いのが特徴です。

黄金柑をあんに混ぜ込んで、おまんじゅうを作りました。

存在感のあるあんはひよこ豆と小豆をブレンドすることでしっとりさせ、柑橘の皮を混ぜることで、香りが立つようにしました。

黄金柑以外で作るなら、ゆずがおすすめですが、伊予柑、八朔などお好みの柑橘でも作れます。

黄金柑のおまんじゅう

果実を丸ごと使ったゼリーは、
おやつにはもちろん、
手土産としてもおすすめです。
柑橘の風味がもっとも引き立つお菓子なので、
いろいろな柑橘で作ってみるといいでしょう。
生で食べると酸味や苦みが強い柑橘も、
冷たいゼリーにすればおいしく食べることができます。

柑橘の丸ごとゼリー

材 料 2個分

はるかの皮 … 1個

はるかの果汁 … 300㎖

はるかの実 … 2房

＊ここではポンカン、ブラッドオレンジ・モロでも作りました。

てんさい糖 … 大さじ1と1/2

＊ポンカンの場合は大さじ1、ブラッドオレンジ・モロの場合は
　大さじ2と1/2。

＊てんさい糖の分量は果汁の味を見て好みで変えてください。
　入れなくてもいいですが、入れたほうがはっきりとした味わい
　になります。

粉寒天 … 小さじ1/2

作り方

1　はるかを半分に切り、ワタの内側に沿って包丁を入れ、
　　ぐるっと一周切り込みを入れる@。スプーンを使って丸
　　ごと実を取り出す@。皮は容器として使用する。

2　実と薄皮の間に包丁を入れ©、実だけを取り出す@。

3　2の実を2房取り分けておき、残りはガーゼなどに包ん
　　で、果汁を搾る@。300㎖に足りなければ水を足して
　　調整する。

4　鍋に3の果汁とてんさい糖を入れ、粉寒天を振り入れ
　　る。中火にかけ、沸騰したら弱火にし、1分ほど混ぜな
　　がら煮る@。

5　4の粗熱が取れたら1の皮の容器に入れ、3で取り分
　　けた実をのせて@、冷蔵庫で冷やし固める。

3種の柑橘ソルベ

伊予柑／ブラッドオレンジ・モロ／
はるみ

柑橘と相性の良い甘酒で
香りが爽やかなソルベを作りました。
シャリシャリした食感が魅力です。
冷やしている途中で何度か攪拌すると
空気を含んでよりおいしくなります。

材料　作りやすい分量

伊予柑の果汁 … 200㎖
＊ここではブラッドオレンジ・モロや、
　はるみの果汁でも作りました。

甘酒 … 250g

水 … 125㎖

アガベシロップ … 75㎖
＊はちみつ75㎖でもよい。
　ただし、風味は変わる。

伊予柑の皮のすりおろし
　… 1個分
＊ブラッドオレンジ・モロやはるみの
　皮のすりおろしでもよい。

作り方

1　果汁用の伊予柑の皮をむき、
　薄皮から実を取り出す。

2　ボウルに材料をすべて入れ、
　ハンドブレンダーで攪拌する。

3　2を容器に入れ、冷凍庫で半
　日ほど冷やし固める。途中何
　度かハンドブレンダーで攪拌し
　ながら空気を含ませる⒜。

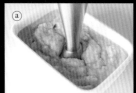

温かい
みかんの葛煮

体を温める効果のある葛で、ビタミンCたっぷりのみかんを煮ました。葛に含まれるでんぷんは、消化がよく、整腸作用もあるので、胃腸が疲れているときにも安心して食べることができます。冬のおやつにぜひ作ってみてください。

材料 4個分

みかんの実 … 20房分
みかんの果汁 … 200mℓ
メープルシロップ … 大さじ1
葛粉 … 大さじ1と1/2

作り方

1　みかんの薄皮から実を取り出す。

2　果汁用のみかんを搾る。

3　鍋に2のみかんの果汁とメープルシロップを入れ、葛粉を茶こしでこしながら入れる。

4　3の鍋を中火にかけ、とろみがついてきたら弱めの中火にし、1〜2分ゴムべらで混ぜながら火を入れる@。

5　1のみかんの実を4の鍋に入れ、実が温まるまで火にかける。

6　5を器に盛り、温かいうちに食べる。

柑橘の自家製フレーバーティー
フレッシュ／ドライ

柑橘の皮にはフレッシュな香りの成分と、リラックス作用や内臓脂肪の分解作用があるリモネンが含まれています。柑橘の皮を好みの茶葉やクコの実、ハーブなどとブレンドして、オリジナルのフレーバーティーを作ってみませんか？

ドライ柑橘とウーロン茶の
フレーバーティー

作り方

好みの柑橘の皮（ここでは黄柚子を使用）を干したもの、ウーロン茶の茶葉各適量、クコの実2～3粒をポットに入れて熱湯を適量注ぐ。5分以上蒸らしてカップに注ぐ。

作り方

好みの柑橘（ここでは黄金柑やオレンジをブレンド）を皮ごと輪切りにして100℃のオーブンで1〜1時間半焼いたもの、紅茶の茶葉、ハーブ、エディブルフラワー（ここではカモミールを使用）各適量をポットに入れて熱湯を適量注ぐ。5分以上蒸らしてカップに注ぐ。

ドライ柑橘と紅茶の
フレーバーティー

作り方

好みの柑橘（ここではポンカンやレモンをブレンド）を皮ごと輪切りにしたもの、フレッシュハーブ（ここではミントとローズマリーを使用）各適量をポットに入れて熱湯を適量注ぐ。5分以上蒸らしてカップに注ぐ。

フレッシュの柑橘
ハーブティー

フレーバーウォーター

　どなたかに柑橘をたくさんいただいたり、お店で見慣れない品種に出合ったりすると、そのまま食べるのはもちろんですが、フレーバーウォーターを作るのも楽しみの一つです。無農薬や減農薬のものであれば皮つきのまま、そうでなければ皮の部分を落として輪切りにします。ミントやタイム、ローズマリーなどのハーブと一緒に水に入れ、ひと晩おくだけで完成です。

　お水では物足りないけれど、お茶やジュースでは風味が強すぎるなと感じるとき、柑橘の香りと甘みがほのかに感じられるフレーバーウォーターはちょうどよい飲みものになります。

　もう一つおすすめの楽しみ方としては、ハーブをのせて冷凍すること。輪切りにした柑橘にハーブを張りつけるようにしてのせて、冷凍します。凍ったら保存袋に入れてストックしておきます。これをお水にポンと入れると、冷たくて爽やかな飲みものの出来上がり。フレーバーウォーターとはまた違ったおいしさが楽しめます。白ワインや赤ワインに入れれば即席のサングリアにもなります。ぜひ、試してみてください。

冷凍柑橘ハーブ

保存瓶の消毒

［ 煮沸消毒 ］

1 鍋に、洗剤でよく洗った保存瓶を入れ、瓶がしっかりかぶるくらいたっぷりの水をはり、火にかける⒜。沸騰したら5分ほど煮沸する。

2 軍手をし、清潔なトングを使い瓶の口を下にして取り出す⒝。

3 乾いた清潔な布巾の上に瓶の口を上にして置き、自然乾燥させる⒞。

4 鍋に湯を沸かす。保存瓶のふたとマーマレードやジャムなどを瓶に移すスプーンを熱湯に5秒ほどくぐらせ⒟、乾いた布巾の上に置き、自然乾燥させる。

［ アルコール消毒 ］

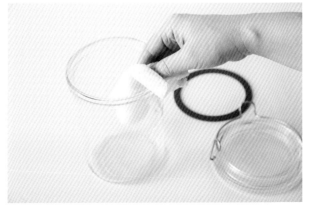

瓶が大きくて煮沸消毒できない場合は、ペーパータオルやさらしにホワイトリカーをつけて保存瓶をふく。ふたの裏や口のまわりも念入りに。

柑橘マーマレードや
ジャムの保存方法

1 保存瓶を煮沸消毒する（左記参照）。

2 保存瓶が温かいうちに、90℃以上のマーマレードやジャムなどを瓶の9割まで詰め、すぐにふたを閉めて1分待つ。瓶が汚れたらホワイトリカーでふき取る⒜。

3 一瞬ふたをゆるめ（ふたをあけすぎないこと）、空気が抜ける音がしたら、すぐにふたを閉め直し、そのまま冷ます⒝。

4 長期保存する場合は、鍋に湯を沸かし、マーマレードやジャムなどの入った瓶を入れて20分以上煮沸する。さびの原因になるため、ふたが湯につからないようにする⒞。

5 トングで瓶を取り出し、瓶の口を上にして、冷ます。

○ 柑橘豆知識

古来より日本では柑橘が親しまれてきました。日本の柑橘は中国から渡来したものが多く、奈良～平安時代初期に「柚子」や「柑子」、鎌倉～室町時代に「橙」、「九年母」が伝わりました。『古事記』や『日本書紀』にはみかんの原形とされる「橘」が登場します。

江戸中期～明治中期には、「紀州みかん」の栽培が普及します。同じ頃、中国から九州に持ち込まれたマンダリンの種子を播いた中から「温州みかん」が誕生しました。その後、山口で「夏みかん」、「伊予柑」、広島で「八朔」が誕生します。

昭和30年代に入ると、柑橘の栽培面積が急増し、多くの種類が栽培されるようになりました。オレンジの輸入自由化にともない、平成には海外産のものが多く日本に入ってくるようになりました。

現在は、「紅まどんな」「不知火」「せとか」「ゆうばれ」など、日本国内で新しい品種が続々と誕生しています。

○ 柑橘の栄養

柑橘に含まれる代表的な栄養素はビタミンCです。老化や病気の原因とされる活性酸素の除去に役立つとされ、免疫機能の強化や感染症を防ぐ働きもあるといわれています。メラニン色素の増殖を抑え、コラーゲンの生成を促す作用もあるため、シミやソバカスの予防や美肌作りにも効果があるとされています。

柑橘の皮や皮の裏の白いワタの部分には、ビタミンCの吸収を助けるビタミンPが豊富に含まれています。ビタミンPには血管を丈夫にし、血流を促進し、血圧を安定させる働きがあるとされています。

柑橘の酸っぱさの元となるクエン酸は疲労回復に役立ちます。柑橘の芳香成分であるリモネンには集中力を高めてくれる作用があるとの報告もあります。

○ 保存方法

・柑橘は高温と乾燥が大敵です。

・レモンやブラッドオレンジ・モロなどの皮が薄めの柑橘は、鮮度のよいうちに使い切りましょう。すぐに使い切れない場合は、新聞紙で包んでからポリ袋に入れて、冷暗所や冷蔵庫の野菜室で保存します。

・グレープフルーツや日向夏などの皮が厚めの柑橘は、3～5日は常温でそのまま置いておいても問題ありません。5日以上保存する場合は、みずみずしさを保つために、新聞紙で包んでからポリ袋に入れて、冷暗所や冷蔵庫の野菜室で保存します。

・箱で大量に購入した場合は、まず傷んだものがないかどうかを確認します。傷んだものはその部分を取り除いてすぐに食べるのがおすすめです。傷がないものは、皮がしっかりしているものから順に下から上に積んでいき、段と段の間に新聞紙を入れます。皮が薄めのものはヘタを下にします。2～3段重ねたら一番上に新聞紙をかぶせ、少しふたをあけて、風通しのよい冷暗所で保存します。

柑橘についてのあれこれ

柑橘の旬カレンダー

グループ	品種・ブランド等	1月	2月	3月	4月	5月	6月	7月	8月	9月	10月	11月	12月
香酸柑橘類	レモン												
香酸柑橘類	黄柚子												
香酸柑橘類	すだち												
香酸柑橘類	かぼす												
香酸柑橘類	ライム												
香酸柑橘類	じゃばら												
みかん類	みかん												
みかん類	ぽんかん												
きんかん類	金柑												
きんかん類	寧波金柑												
きんかん類	たまたま												
きんかん類	こん太												
オレンジ類	ブラッドオレンジ・モロ												
オレンジ類	ブラッドオレンジ・タロッコ												
オレンジ類	ネーブルオレンジ												
タンゴール類	清見												
タンゴール類	せとか												
タンゴール類	不知火												
タンゴール類	伊予柑												
タンゴール類	はるみ												
タンゴール類	たんかん												
タンゴール類	紅まどんな												
文旦類	土佐文旦												
文旦類	パール柑												
文旦類	晩白柚												
グレープフルーツ類	グレープフルーツ・マーシュ(ホワイト)												
グレープフルーツ類	グレープフルーツ・ルビー												
雑柑類	日向夏												
雑柑類	甘夏												
雑柑類	紅甘夏												
雑柑類	はるか												
雑柑類	八朔												
雑柑類	河内晩柑												
雑柑類	黄金柑												
雑柑類	湘南ゴールド												
雑柑類	夏みかん												

柑橘図鑑

柑橘はミカン科の常緑樹になる果実です。香気が高くジューシーで種類が多いのが特徴です。交雑しやすく、毎年のように新品種が店頭に並びます。ここでは、手に入りやすい国産の柑橘について、主な産地、旬（出回り時期）、特徴をご紹介します。同じグループの柑橘はお菓子を作るときに置き換えが容易です。

参考：『からだにおいしいフルーツの便利帳』（高橋書店）、『図説 果物の大図鑑』（マイナビ出版）、「かんきつの歴史」（静岡県HP）

香酸柑橘類

[向いているお菓子] マーマレード／ドリンク

酸味が強く甘みがないため、そのまま食べるのには向いておらず、薬味や風味づけ、調味料として使われる柑橘のこと。

【レモン】

主な産地：広島県、愛媛県、和歌山県、熊本県

出回り時期：9〜5月。

特徴：酸味と香りが強く、疲労回復に作用するクエン酸が豊富。

【黄柚子】

主な産地：高知県、徳島県、愛媛県

出回り時期：11〜12月

特徴：爽やかな香りと強い酸味が魅力。初夏に出回るものを「青柚子」、秋以降に出回るものを「黄柚子」という。

【すだち】

主な産地：徳島県

出回り時期：7〜10月

特徴：徳島県の名産品。すがすがしい香りが人気。皮はやわらかく食べやすい。

【ライム】

主な産地：愛媛県

出回り時期：10〜11月

特徴：酸味が強く、個性の強い青い爽やかな香りがある。

【じゃばら】

主な産地：和歌山県、三重県、愛媛県

出回り時期：12月中旬〜2月下旬

特徴：和歌山県北山村に自生していた原木から栽培された。酸味がかなり強く、苦みと爽やかな香りも強い。

[その他]
かぼす／シークワーサーなど

みかん類

[向いているお菓子] 焼き菓子／ババロア

【みかん】

主な産地：和歌山県、愛媛県、静岡県、神奈川県、愛知県

出回り時期：通年

特徴：糖度は高く、酸味は弱い。皮が薄く手でむいて食べることができる。

[その他]
ぽんかん／橙（だいだい）など

きんかん類

[向いているお菓子] コンポート／焼き菓子

【金柑】

主な産地：宮崎県、鹿児島県

出回り時期：12〜5月

特徴：小粒で皮にも甘みがあり、丸ごと食べられる珍しい柑橘。

[その他]
寧波金柑／たまたま／こん太／ぷちまるなど

[向いているお菓子]　焼き菓子／マーマレード／ピール

【ブラッドオレンジ・モロ】

主な産地：愛媛県

出回り時期：2〜3月

特徴：古来イタリアのシチリア島で栽培されてきたが、近年は愛媛県宇和島市で盛んに栽培され、国産の人気が高まっている。モロ種は甘みが強く、異国情緒あふれる独特な香りと、濃い赤色が特徴。

【ブラッドオレンジ・タロッコ】

主な産地：愛媛県、和歌山県

出回り時期：3〜5月

特徴：ブラッドオレンジの中で最も甘みが強く、味も濃厚。イタリアで人気があるが、国産のものも増えている。

【ネーブルオレンジ】

主な産地：静岡県、広島県、和歌山県、熊本県、愛媛県

出回り時期：12〜3月

特徴：種はほとんどなく、果汁が豊富。甘みと香りが強い。国産オレンジの代表的な品種。

[その他]　バレンシアオレンジなど

[向いているお菓子]　お菓子づくり全般

みかん類とオレンジ類を掛け合わせた品種。

【清見（きよみ）】

主な産地：愛媛県、和歌山県、佐賀県、静岡県

出回り時期：2月中旬〜5月

特徴：みかんとオレンジのいいとこどりで、甘くて、みずみずしく、味も濃厚。手でむいて食べることができる。

【せとか】

主な産地：愛媛県、佐賀県、広島県

出回り時期：2〜4月

特徴：「柑橘の大トロ」と表現されるほど果肉がとろりとして、味は濃厚。甘みも強く、酸味とのバランスもよい。

【不知火（しらぬい）】

主な産地：熊本県、愛媛県、和歌山県

出回り時期：2〜4月

特徴：清見とぽんかんを掛け合わせた品種。糖度が高く、甘い。種はなくジューシーで食べやすい。

[その他]　伊予柑／はるみ／たんかん／紅まどんななど

[向いているお菓子]　マーマレード／ピール／シロップ漬け

【土佐文旦】

主な産地：高知県

出回り時期：1〜5月

特徴：別名「ザボン」または「ボンタン」。分厚い皮に爽快感のある風味と香り、苦み、さっぱりとした甘さがあり、マーマレードやピールなどに向いている。春の露地物を「土佐文旦」、秋に出回るハウス物を「水晶文旦」という。

【パール柑】

主な産地：熊本県

出回り時期：1〜4月

特徴：別名「サワーポメロ」または「大橘」。果肉が口の中でプチプチと弾けるほどにジューシー。ほどよい酸味と苦み、さっぱりとした甘さがある。味も見た目も文旦によく似ている。

[その他]　晩白柚（ばんぺいゆ）など

［向いているお菓子］　マーマレード／ピール／プリン／焼き菓子全般

グレープフルーツ類

【グレープフルーツ・マーシュ（ホワイト）】

主な産地：静岡県

出回り時期：4～6月

特徴：爽やかな香りと、ほのかな苦みを伴った甘みがある。輸入物なら通年手に入る。

【グレープフルーツ・ルビー】

主な産地：熊本県

出回り時期：4～5月

特徴：ピンクグレープフルーツとも呼ばれる。味はマーシュと似ているが、果肉の赤いルビーは、リコピンやβカロテンも含む。輸入物なら通年手に入る。

雑柑類

新種や由来が不明な柑橘。

［向いているお菓子］　マーマレード／ピール

【日向夏】

主な産地：宮崎県、高知県

出回り時期：ハウス物は1～2月、露地物は3～4月

特徴：あっさりとした甘みで、果汁たっぷり。ほどよい酸味と香りがある。持ったとき、ずっしり重いものがおいしい。

【甘夏】

主な産地：鹿児島県、熊本県、愛媛県

出回り時期：3月中旬～6月

特徴：すっきりとした甘みとほのかな苦みと酸味がある。皮の苦みが少ないので、マーマレードやピールに適している。

【紅甘夏】

主な産地：熊本県

出回り時期：4～5月中旬

特徴：甘夏の突然変異として発見された。甘夏より甘みが強く、皮や実の色も濃い。

【はるか】

主な産地：広島県、愛媛県、長崎県

出回り時期：2月初旬～3月下旬

特徴：酸味はほとんどなく上品な甘さがある。果肉はジューシーで食感はぷるっとしている。出回る時期が短いので買い逃しに注意したい。

【八朔】

主な産地：和歌山県、広島県、愛媛県

出回り時期：1～4月

特徴：さっぱりとした甘みに少しの苦みと酸味がある。みずみずしく歯ごたえのある果肉が人気。

【河内晩柑】

主な産地：愛媛県、熊本県

出回り時期：3～7月

特徴：「和製グレープフルーツ」と言われるほど果汁たっぷりの品種。苦みは少ない。4月ごろまでは甘み、酸味が強く、夏になるにつれてさっぱりした味へと変わる。「美生柑」と呼ばれることも。

【黄金柑】

主な産地：静岡県、愛媛県、神奈川県、高知県

出回り時期：2～5月上旬

特徴：小ぶりでジューシー。やわらかい酸味と優しい甘さが人気。グレープフルーツから苦みと酸味を抜いた味わいと表現されることも。

【湘南ゴールド】

主な産地：神奈川県

出回り時期：4～5月上旬

特徴：食べやすいみかんの皮の薄さと黄金柑のさっぱりした甘さを目指して作られた品種。黄金柑よりひとまわり大きい。

［その他］　夏みかんなど

【夏みかんの花】

春にご近所を散歩していると、お宅の庭先に夏みかんの実が成っているのを見かけることがあります。

雑柑類の夏みかんは江戸時代から親しまれていて、明治維新後、盛んに栽培されるようになりました。

5月上旬から中旬にかけて、白く可憐な花を咲かせます。

花言葉は「純潔」「清純」「親愛」。

甘酸っぱくてさわやかな夏みかんは、マーマレードやジャム、シロップ漬けにして楽しめます。

<h1>柑橘のお菓子を作るときにあると
便利な道具</h1>

柑橘皮むき（家事問屋）

レモンやオレンジ、グレープフルーツなど、皮の厚い柑橘の皮むきが簡単にできる皮むき器です。鳥のくちばしの部分を皮に差して切り目を入れていきます。トマトの湯むきや豆腐パックの開封に使うこともできます。

グレープフルーツナイフ（工房アイザワ）

グレープフルーツを横半分に切り、外皮と薄皮の間にナイフを入れることで、果肉をひと袋ずつ壊さずに取り出すことができます。普通のナイフでくりぬくよりも簡単で、きれいに実が取れるのでおすすめです。

ムッキーちゃん（クリハラワールド）

柑橘の皮や房を簡単、きれいにむくことができる道具です。本体と上ぶたがあり、上ぶたの突起で外皮に切り目を入れれば、手で簡単にむくことができます。また、本体の溝に沿って房をひとつずつスライドさせることで房に切り目が入り、薄皮も手で簡単にむくことができます。

レモン搾り器（オルテックス）

フィンランドのプラスチック用品メーカー、オルテックスのレモン搾り器です。搾り器の皿にあいた穴が小さいので、種が皿に残り果汁だけが下のサーバーに落ちるようになっています。サーバーには目盛りと片口がついているので、計量カップやピッチャーとしても使えます。

果実の皮むきや、房からの実の取り出し、果汁の搾りなど、
柑橘のお菓子を作るときにあると便利な道具をご紹介します。
作業効率がアップし、お菓子作りがさらに楽しくなります。

レモンスクイーザー（KAIWM）

アルミ製の手動ジューサーです。レモンや小ぶり
な柑橘を半分に切り、切り口を下に向けてスク
イーザーに入れ、ハンドルを押すことで果汁を搾
ります。高硬度のアルミニウム合金製で、最後の
一滴まで無駄なく果汁を搾ることができます。

ストレッチラップ（LIVING MOTIF）

半分または1/4にカットした柑橘にネットをか
ぶせ、手でぎゅっとつぶして搾ることで、種を落
とすことなく果汁だけを搾り出すことができます。
LIVING MOTIFのオンラインショップで購入
可能です。

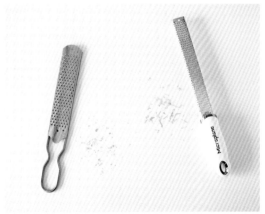

左：P柄 レモンピューラー
　　587-19 ブラック 152㎜（遠藤孝商店）
右：TKG キッチンツール
　　レモンゼスター KT87875（TKG）

どちらもレモンの皮を糸状にむける器具です。皮
をむいて裏についた白いワタを削り、細切りにする
という手間がなくなり、簡単に大量のレモンゼスト
を作ることができます。

左：チーズグレーター スリム（EPPICOTISPAI）
右：ゼスターグレーター（マイクロプレイン）

左は、イタリア製のチーズおろし器です。ハード系
のチーズをおろして粉状にするための調理器具
ですが、柑橘の皮を細かくおろすのにも最適です。
穴径2.4㎜。ステンレス製。右は、切れ味のよい
ブレード（刃）が特徴のスティック型のグレーター
です。それぞれの小さな刃が食材を切り刻むよう
にすりおろしてくれるので、柑橘の皮を細かくふん
わりとおろすことができます。どちらもシェフや料理
家に愛用されているアイテムです。

フランス菓子ベースの
エレガントな柑橘のお菓子
Elegant Citrus Sweets

マーマレード5種

ブラッドオレンジ・モロマーマレード
→作り方はP58

すだちマーマレード
→作り方はP62

レモンマーマレード
→作り方はP61

甘夏マーマレード
→作り方はP58

柚子マーマレード
→作り方はP60

柑橘ピールのシロップ漬け5種

上から
日向夏のピールシロップ漬け
ブラッドオレンジ・モロのピールシロップ漬け
レモンのピールシロップ漬け
甘夏のピールシロップ漬け
オレンジのピールシロップ漬け
→作り方は P64

柑橘の魅力である香りがぎゅっと詰まっているのは、実は皮の部分です。

皮のおいしさを存分に味わいたくて、5種のマーマレードと5種のピールのシロップ漬けを作りました。

柑橘の皮の処理は、種類によって違うため、順を追って説明しています。

マーマレードやピールのシロップ漬けは保存がききますし、それらを素材として使うお菓子もたくさん出てきますので、多めに作り置きしておくことをおすすめします。

甘夏マーマレード＆
ブラッドオレンジ・モロマーマレード

甘酸っぱさとほろ苦さが魅力の甘夏と甘く、独特な香りのするブラッドオレンジ・モロで作るマーマレードです。

マーマレードはジャムと違い、ほのかな苦みがあってこそおいしいもの。

苦みが苦手な方は、皮の裏の白いワタをすべて取り除くとよいでしょう。

材料 作りやすい分量

甘夏（またはブラッドオレンジ・モロ）… 3個
グラニュー糖 … 適量
水 … 適量
＊ブラッドオレンジ・モロは国産のものを使用。

下準備

＊保存瓶を消毒する（P47）。

（保存期間）

・冷蔵庫で約1カ月、冷凍庫で約半年間保存可能です。

1 甘夏の皮をたわしなど でよく洗う。包丁で4～ 6等分に切り込みを入れ て、皮をむく。

2 皮についたワタは、半 分から1/3を残して包丁で そぐ。皮の重さを量っておく。

*苦みが苦手な場合はワタは すべて取り除く。

3 鍋に**2**の皮とたっぷり の水を入れて火にかけ、 沸騰したらざるにあげる。 これらを3回繰り返す。

4 ゆでた皮を細切りにす る。

5 鍋に細切りにした皮と たっぷりの水を入れて火 にかける。沸騰してから、 ふたはせず弱火で30～ 40分柔らかくなるまで煮 て、ざるにあげる。

*ブラッドオレンジ・モロの場合 は、3回ゆでこぼせば柔らかく なるので、この作業はしなくて もOKです。

6 甘夏の薄皮をむき、 実と種を取り出す。薄皮 と種はお茶パックに入れ る。

7 **6**の実の重さを量り、 **2**の皮の重さと合わせた 総量の50％の重量のグ ラニュー糖と25％の重量 の水を用意する。

*グラニュー糖の量は好みで 調整可ですが、少なくしすぎ るととろみがつきにくくなります。

8 鍋に実と皮、**7**で量っ たグラニュー糖と水を入れ て1時間以上おき、水分 を出す。**6**のお茶パックを 入れて弱めの中火にかけ、 ふたはせずときどき混ぜな がら煮る。

*ペクチンが豊富な種と一緒 に煮ることでとろみがつきま す。

*このときの鍋はアルミ製は NG。酸で腐食しにくいホー ロー製、土鍋、傷のないフッ 素樹脂加工の鍋を使用しま しょう。

9 とろみがかるくついて きたら、お茶パックを取り 出して火を止める。

*マーマレードは冷めると固く なってくるので、熱いうちはゆ るいかなくらいでOKです。

10 熱いうちに消毒した保 存瓶に入れる。

柚子マーマレード

10～12月に出回る黄柚子を使ったマーマレードです。柚子ならではの香りと、少しの苦みと酸味が楽しめます。パンやケーキに塗ったり、お茶に入れたり。ひとさじすくってそのまま味わうのもおすすめです。柚子に含まれるビタミンCは、果肉よりも皮に豊富に含まれています。風邪予防のサプリメント兼おやつとして、ぜひお召し上がりください。

材料 作りやすい分量

黄柚子 … 4個
グラニュー糖 … 適量
水 … 適量

下準備

＊保存瓶を消毒する（P47）。

作り方

1　柚子の皮をたわしなどでよく洗う ⓐ。

2　柚子を半分に切って竹串や箸などで種を取り出し ⓑ、皮と実の間に包丁を入れ、実を切り離す ⓒ。

3　皮についたワタは、半分から1/3を残して包丁でそぐ。皮を細切りにし、重さを量っておく。

　＊苦みが苦手な場合はワタはすべて取り除く。

4　鍋に3の皮とたっぷりの水を入れて火にかけ ⓓ、沸騰したらざるにあげる ⓔ。これらを3回繰り返す。

5　2の実の重さを量り、その重さと同量の水を用意する。鍋に実と種と用意した水を入れ、ふたをして弱火で30分煮る ⓕ。

　＊ペクチンが豊富な種と一緒に煮ることでとろみがつきます。

6　5をざるでこし ⓖ、重さを量る。

7　6と3で量った皮の重さを合わせた総量の50％の重量のグラニュー糖を用意する。

　＊グラニュー糖の量は好みで調整可ですが、少なくしすぎるととろみがつきにくくなります。

8　鍋に4の皮と6でこしたもの、7で量ったグラニュー糖を入れる。

　＊このときの鍋はアルミ製はNG。酸で腐食しにくいホーロー製、土鍋、傷のないフッ素樹脂加工の鍋を使用しましょう。

9　8を弱火にかけて、ふたはせずときどき混ぜながら煮る。とろみが軽くついてきたら火を止める。

10　熱いうちに消毒した保存瓶に入れる。

保存期間

・冷蔵庫で約1カ月、冷凍庫で約半年間保存可能です。

レモンマーマレード

酸味の強い果実と苦みの強い皮を持つレモンで作るマーマレード。パンに塗ったり、紅茶に添えたり、バニラアイスクリームにトッピングしたりと幅広く楽しめます。

材料 作りやすい分量

レモン … 6個
グラニュー糖 … 適量
水 … 適量

下準備

＊保存瓶を消毒する（P47）。

作り方

1 レモンの皮をたわしなどでよく洗う。包丁でヘタとおしりを切り落としたら、縦に置き、果肉が見えるくらい厚めに皮をむく⒜。

2 皮についたワタは、半分から1/3を残して包丁でそぐ⒝。
　＊苦みが苦手な場合はワタはすべて取り除く。

3 2の皮の重さを量っておく。

4 鍋に2の皮とたっぷりの水を入れて火にかけ、沸騰したらざるにあげる⒞。これらを3回繰り返す。

5 4の皮を細切りにして鍋に入れ、たっぷりの水を入れて火にかける。沸騰してから、ふたはせず弱火で30～40分柔らかくなるまで煮て、ざるにあげる⒟。

6 実と薄皮の間に包丁を入れ⒠、実を切り離す⒡。薄皮と種はお茶パックに入れる⒢。

7 6の実の重さと、3の皮の重さを合わせた総量の50％の重量のグラニュー糖と25％の重量の水を用意する。
　＊グラニュー糖の量は好みで調整可ですが、少なくしすぎるととろみがつきにくくなります。

8 鍋に皮と実、7で量ったグラニュー糖と水を入れて1時間以上おき、水分を出す。6のお茶パックを入れて弱めの中火にかけ、ふたはせずときどき混ぜながら煮る。
　＊ペクチンが豊富な種と一緒に煮ることでとろみがつきます。
　＊このときの鍋はアルミ製はNG。酸で腐食しにくいホーロー製、土鍋、傷のないフッ素樹脂加工の鍋を使用しましょう。

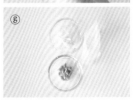

9 とろみが軽くついてきたら、お茶パックを取り出して火を止める。

10 熱いうちに消毒した保存瓶に入れる。

（保存期間）

・冷蔵庫で約1カ月、冷凍庫で約半年間保存可能です。

すだちマーマレード

青々しい香りが魅力のすだちを使ったマーマレードは、苦みが強く、大人っぽい味わいです。口当たりをよくするため皮は半量のみ使いましたが、皮はお好みで調整してください。

材料 作りやすい分量

すだち … 10～12個（300g）

水 … 適量

グラニュー糖 … 適量

下準備

＊保存瓶を消毒する（P47）。

作り方

1　すだちの皮をたわしなどでよく洗う@。

2　すだちを4等分のくし形切りにし、皮と実の間に包丁を入れて実を切り離す⑥。包丁の刃先で種を取り出し©、種は取り分けておく。

3　皮の半量を細切りにし⑥、半量の重さを量っておく。鍋に細切りにした皮とたっぷりの水、あれば銅線（右ページ参照）を入れ⑥、火にかける。沸騰してから、ふたはせず弱火で20分柔らかくなるまで煮て、ざるにあげる。

4　2の実の重さを量り、その重さと同量の水を用意する。鍋に実と種と用意した水を入れ、ふたをして弱火で30分煮る①。
＊ペクチンが豊富な種と一緒に煮ることでとろみがつきます。
＊このときの鍋はアルミ製はNG。酸で腐食しにくいホーロー製、土鍋、傷のないフッ素樹脂加工の鍋を使用しましょう。

5　4をざるでこす⑨。

6　5と3の皮を合わせた重さを量り、その50％の重量のグラニュー糖を用意する。

7　鍋に3の細切りにした皮、5でこした実とエキス、6で量ったグラニュー糖、あれば銅線を入れ⑥、弱火にかける。ふたはせずときどき混ぜながら煮る。
＊グラニュー糖は好みで調整可ですが、少なくしすぎるととろみがつきにくくなります。

8　軽くとろみがついてきたら火を止める。

9　熱いうちに消毒した保存瓶に入れる。

保存期間

・冷蔵庫で約1カ月、冷凍庫で
約半年間保存可能です。

きれいな緑色にするための
秘密は銅線です！

左）銅線なしで煮たもの。右）銅線と一緒に煮たもの。

すだちでマーマレードを作ろうとしたら、色味が抜けて茶色っぽくなっ
てしまったという経験はないでしょうか。せっかくの美しい青みを持つ
すだちなので、マーマレードもその色味を維持したいところ。すだちは
銅鍋で煮ると、銅イオンの作用によって色鮮やかに仕上がります。銅
鍋がないときは、50cmほどの銅線と一緒に煮るとよいでしょう。銅線
はホームセンターやネットショップで購入可能です。

柑橘ピールの
シロップ漬け5種

甘夏／日向夏／ブラッドオレンジ・
モロ／オレンジ／レモン

ピールのシロップ漬けは柑橘の皮を
おいしく食べるためのレシピです。
柑橘の強い香りが口いっぱいに広がります。
ポイントは何度かゆでこぼして、
苦みを取り除くこと。
砂糖は3回に分けて加えることで
甘みが染み込みやすくなります。
シロップに漬けたままでも、半生に乾かしても、
どちらでもおいしく食べられます。

材料 作りやすい分量

甘夏の皮 … 300g（白いワタを取った正味）
＊日向夏、ブラッドオレンジ・モロ、オレンジ、
　レモンも作り方は同じ。

水 … 300g

グラニュー糖 … 300g

作り方

1　甘夏の皮をたわしなどでよく洗う。6〜8等分になるように皮に包丁で切り込みを入れ、皮をむく。

2　皮についたワタは半分ほど残して包丁でそぐ。
　＊ワタを取る分量はお好みで。ただし、取りすぎると固くなるので少し残すほうがよい。

3　鍋に2とたっぷりの水（分量外）を入れて火にかけ、沸騰したらざるにあげる。これらを2〜3回繰り返す。
　＊この段階で皮を食べてみて、強い苦みが残っているようなら水にさらして半日程度おいておく。

4　鍋に3の皮と水を入れて中火にかける。温まってきたところでグラニュー糖を1/3量入れる。ペーパータオルなどで落としぶたをして弱火で5分煮る。グラニュー糖を1/3量入れて弱火で5分煮る。さらに残りのグラニュー糖を入れ、弱火で30分、ワタが透き通るまで煮る。
　＊このときの鍋はアルミ製はNG。酸で腐食しにくいホーロー製、土鍋、傷のないフッ素樹脂加工の鍋を使用しましょう。

5　4をそのまま冷まして味を浸透させる。

6　消毒した保存容器にシロップごと入れる（P47）。ピールは網などにのせて1日〜数日間冷暗所で乾燥させてもよい。

保存期間

・冷蔵庫で約1カ月、冷凍庫で約半年間保存可能です。

柑橘ピールのチョコレートがけ

柑橘の酸味に、チョコレートの甘みと苦みがよく合います。

柑橘ピールのシロップ漬けを乾燥させて、チョコレートをつけました。

材料 作りやすい分量

好みの柑橘ピールのシロップ漬け（左ページ参照）を乾燥させたもの … 適量

コーティング用チョコレート … 100g

作り方

1　チョコレートをボウルに入れて、風呂のお湯より少し熱いくらいの温度（温度計があれば55℃）で湯煎して溶かす ⓐ。

　＊55℃より高温だとチョコレートが分離する可能性があります。

2　1のボウルに柑橘ピールのシロップ漬けを半分浸してチョコレートをつける ⓑ。

　＊チョコレートの代わりにグラニュー糖をまぶしてもおいしいです。

（**保存期間**）

・チョコレートやグラニュー糖をからめたピールは、密閉容器に入れて冷蔵庫で約2週間保存可能です。冷凍はできません。

柚子マーマレードの
ガトーショコラ

材料　直径15cmの丸型1台分

柚子マーマレード(P60) … 150g

バター(食塩不使用) … 100g

製菓用チョコレート … 170g
＊ここではヴァローナ カライブ66%を使用。

卵 … 100g

グラニュー糖 … 120g

薄力粉 … 65g

下準備

＊すべての材料を室温に戻す。

＊オーブンを180℃に予熱する。

＊薄力粉をふるう。

＊型にオーブンシートを敷く。

作り方

1　ボウルにバターとチョコレートを入れて、風呂のお湯より少し熱いくらいの温度(温度計があれば55℃)で湯煎して溶かす@。
　　＊55℃より高温だとチョコレートが分離する可能性があります。

2　別のボウルに卵を入れてハンドミキサーで混ぜる。グラニュー糖を3回に分けて入れ、その都度混ぜながら2倍くらいの量になるまで泡立てる。

3　2に1を入れてゴムべらで混ぜ合わせる⑥。薄力粉を加えてゴムべらでさっくりと混ぜる。

4　型に3の生地の半量を入れて、柚子マーマレードを入れて広げる©。残りの生地を入れて⑥、表面を平らにならす。

5　4を180℃に予熱したオーブンで40〜45分焼く。中が柔らかいのでしっかり冷ましてから型からはずす。

少し苦みのある柚子マーマレードとビターなチョコレートを組み合わせて、大人っぽい味のガトーショコラを作りました。生地を焼きすぎないことで、中心がトロッとした半生チョコレートになるようにしています。マーマレードは好みに合わせて、他の柑橘のもので作ってもいいでしょう。

甘夏と黒こしょうのガトーバスク

フランス・バスク地方の郷土菓子「ガトーバスク」は、
厚めのクッキー生地で濃厚なカスタードクリームや
チェリーをサンドしたお菓子です。
ここでは甘酸っぱい甘夏のマーマレードに、
黒こしょうをピリリときかせたフィリングと、
甘夏の香りをつけたカスタードクリームを挟みました。
甘夏はお好みの柑橘に、マーマレードも好みのものに
替えてもおいしく作れます。

材料 　直径12cmのマンケ型

（または口径15.5（底径12cm）×高さ2.8cmの
パイ皿）1台分

＊マンケ型とは、上面と下面の面積に差があり、
　側面から見ると台形の形をした型のこと。「トル
　テ型」と呼ばれることもあります。

［生地］

バター（食塩不使用）… 100g

粉糖 … 90g

卵 … 45g

バニラオイル … 1～2滴

A 薄力粉 … 170g

└ ベーキングパウダー … 2g

［甘夏カスタード］

B 卵黄 … 40g

├ グラニュー糖 … 40g

└ コーンスターチ … 14g

C 甘夏の果汁 … 70g

└ 牛乳 … 70g

D 甘夏マーマレード（P58）… 150g

　＊好みの柑橘マーマレードでも可。レモンマー
　　マレードを使う場合は、120gにした方が味
　　のバランスがよい。

└ 黒こしょう … 小さじ1/4

溶き卵 … 1個分

＊柑橘は国産のものを使用。

下準備

＊すべての材料を室温に戻す。

＊Aを合わせてふるう。

作り方

［生地を作る］

1　ボウルにバターを入れ、ゴムべら
　で練って柔らかくする。

2　1に粉糖を3回に分けて入れ、ゴ
　ムべらでその都度混ぜる。

3　2に溶いた卵を少しずつ入れなが
　らゴムべらで混ぜ合わせ、バニラ
　オイルを入れて混ぜる。

4　3にふるったAを3回に分けて入
　れ、その都度ゴムべらで混ぜる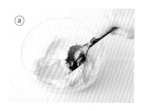。

5　4の生地がまとまったらラップに包ん
　で、冷蔵庫で1時間寝かせる。

［甘夏カスタードを作る］

6　小鍋にBを入れて泡立て器で混
　ぜる。Cを加えてさらに泡立て器
　で混ぜる。

7　6の小鍋を弱めの中火にかける。
　泡立て器で混ぜながら、とろみ
　がつき、中心がふつふつとするま
　で（約80℃が目安）火を通す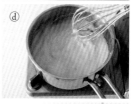。
　ボウルにあけて底を氷水に当て
　て急冷する（こうすることでサルモ
　ネラ菌の増殖を防げる）。

［組み立て］

下準備

＊オーブンを160℃に予熱する。

＊型にバター（分量外）を塗って強力粉（分量
　外）、なければ薄力粉をはたく。

8　5の生地をめん棒で厚さ5mmにの
　ばし、包丁で型よりひと回り大き
　いサイズに切る。

9　8を型に敷き、縁からはみ出した
　分を包丁で切り落とす。

10　Dを混ぜ合わせて9に入れ、表
　面をならす。口径1cmの丸口金を
　つけた絞り袋に7を入れ、外側か
　ら絞り入れて、表面をならす。

11　残りの生地を型にふたをするように
　のせ、余分な生地を切り落とす。

12　11の表面に溶き卵をハケで塗り、
　冷蔵庫で30分ほど寝かせ、もう
　一度溶き卵を塗る。表面に竹串
　を定規に当てながら薄く線を描く
　。

13　12を160℃に予熱したオーブン
　で50～60分焼く。

日向夏のチョコレートバー

さっぱりとした甘さと優しい酸味の日向夏ピール、アーモンドプードルをたっぷり使ったリッチなマジパン、そして、サクサクのサブレの3つをチョコレートで包みました。サブレは市販のバタービスケットを使っても。小ぶりなお菓子なので、ちょっとしたプレゼントにもぴったりです。

材料　7cm角のもの4個分

日向夏ピールのシロップ漬け（P64）… 適量

[サブレ生地]

A バター（食塩不使用）… 40g

薄力粉 … 60g
＊ここではエクリチュールを使用。

粉糖 … 20g

卵 … 10g

[マジパンローマッセ]

B アーモンドプードル … 60g

粉糖 … 30g

卵白 … 25g

コーティング用ビターチョコレート … 100g

下準備

＊Aのバターを1cm角に切って冷凍庫に入れておく。

作り方

［サブレ生地を作る］

1　フードプロセッサーに**A**を入れて、バターがさらさらになるまで攪拌する。

2　1に卵を入れ、生地がまとまるまで攪拌する。ラップに包み、冷蔵庫で1時間以上寝かせる。

3　2の生地をめん棒で厚さ3mmにのばし（厚手のポリ袋で挟むと作業しやすい）、7cm四方に切る。

4　3を冷蔵庫で30分ほど休ませてから180℃に予熱したオーブンで15分焼いて、冷ます。

［マジパンローマッセを作る］

5　**B**を合わせてふるい、ボウルに入れる。

6　5に卵白を入れ、ゴムべらでまとまるまで混ぜる。

7　4のサブレの上に6の1/4量をのせ、全体にのばす。

8　日向夏ピールのシロップ漬けはペーパータオルで水けをふき、7のサブレの大きさに合わせて切り、上にのせる。

9　ボウルにチョコレートを入れて、風呂のお湯より少し熱いくらいの温度（温度計があれば55℃）で湯煎して溶かす。
＊55℃より高温だとチョコレートが分離する可能性があります。

10　8の上に9をかける。固まったら、好みの大きさに切る（このときナイフを温めるときれいに切れる）。

みかんのはちみつマドレーヌ

甘くて果汁たっぷり。
身近な柑橘の一つ、みかんをのせた
マドレーヌはいかがでしょう?
ここでは、マドレーヌ生地に
はちみつを入れています。
みかんの代わりに、甘みの強い
オレンジや日向夏で作っても
いいでしょう。

みかんのババロア

味も見た目もどこか
懐かしさを感じさせるババロア。
ふるふるした食感がたまりません。
オレンジのリキュール、
コアントローを加えることで、
味を引き締めているところがポイントです。
なお、ゼリー型ではなく
グラスに入れて固める場合は、
型抜きする必要がないので、
ゼラチンは4gでOK。
よりふるふるとした食感に仕上がります。

みかんのはちみつマドレーヌ

材料

直径7.5×高さ2.2cmの紙製マドレーヌ型6個分

みかん … 2個
卵 … 120g
はちみつ … 40g
グラニュー糖 … 100g
A 薄力粉 … 140g
│ ベーキングパウダー … 2g
バター（食塩不使用）… 100g

下準備

＊すべての材料を室温に戻す。
＊Aを合わせてふるう。

作り方

1 ボウルに卵を入れて泡立て器で混ぜる。

2 1にはちみつを入れてさらに混ぜる。グラニュー糖を3回に分けて入れ、その都度混ぜる。

3 2にふるったAを2回に分けて入れ、その都度混ぜる。

4 耐熱容器にバターを入れてふんわりとラップをかけ、電子レンジで40秒ほど（または湯煎で）加熱して溶かす。

5 3に4を入れ、泡立て器で混ぜ、1時間以上休ませる。
　＊この工程でひと晩ほど休ませる場合は冷蔵庫に入れる。焼く前に室温に戻しておく。

6 オーブンを180℃に予熱する。みかんの皮をむき、実を厚さ5mm程度にスライスして⒜、6枚用意する。

7 マドレーヌ型にグラシンケースを2枚重ねて敷く。絞り袋に5の生地を入れて、型に1/6量ずつ絞り入れる。6のみかんをのせる⒝。
　＊グラシンケースは、あると型から取り出しやすいのでおすすめですが、なくても焼けます。

8 7を180℃に予熱したオーブンで15〜20分焼く。粗熱が取れたら型から取り出す。

作り方

1 みかんの皮をむき、薄皮から実を取り出す⒝。小鍋にみかんの実とグラニュー糖を入れてゴムべらで混ぜる。1分弱中火にかけ（温度計があれば60℃になったら）、火を止める⒞。

2 ふやかしたゼラチンをぎゅっと絞って水けをきり、1の鍋に入れて溶かす。

3 2をボウルに移し、ボウルの底を氷水に当ててゴムべらで混ぜながら20℃まで冷やす⒟。

4 3のボウルにコアントローを入れて混ぜたら、八分立てにした生クリームを加えて泡立て器で混ぜる。

5 4のボウルの底を氷水に当ててゴムべらでゆっくりと混ぜる。とろみがつくまで混ぜながら冷やす⒠。

6 型をさっとぬらして5を入れ⒡、冷蔵庫で冷やし固める。

7 ぬるま湯で型をさっと温めて中身を取り出し、器に盛る。あればミントをのせる。

みかんのババロア

材料 容量80mℓのゼリー型4個分

みかん … 200g（皮と薄皮をむいた正味）

グラニュー糖 … 40g

コアントロー … 5g

板ゼラチン … 5g

生クリーム（乳脂肪分35%）… 50g

＊（あれば）ミント … 適量

下準備

＊板ゼラチンを氷水につけてふやかす。

＊生クリームを氷水に当てながら八分立てにする⒜。

柑橘のパウンドケーキ、
ウィークエンドをモヒート風味にアレンジしました。
ケーキ生地にライムとミントをたっぷりと。
アイシングにもライムの果汁を加えています。
ライムをすだちやかぼすに代えて、
少し和のテイストにしても楽しめます。

モヒートのウィークエンド

材料

縦18×横8×高さ6.5cmの
パウンド型1台分

[生地]

卵 … 100g

グラニュー糖 … 70g

A 薄力粉 … 70g

└ ベーキングパウダー … 2g

B ライムの皮のすりおろし
　　… 1/2個分ⓐ

├ ライムの果汁 … 20gⓑ

└ ミントのみじん切り … 小さじ1

バター（食塩不使用）… 80g

[シロップ]

C 水 … 10g

└ グラニュー糖 … 20g

ジン … 5g

[アイシング]

D ライム果汁 … 10g

└ 粉糖 … 50g

ライムの皮 … 適量（飾り用）

下準備

＊すべての材料を室温に戻す。

＊オーブンを160℃に予熱する。

＊Aを合わせてふるう。

＊型にオーブンシートを敷く。

作り方

1　ボウルに卵を入れ、ハンドミキサーで混ぜる。グラニュー糖を3回に分けて入れ、もったりするまで泡立てるⓒ。

2　1のボウルにふるったAを3回に分けて入れ、その都度ゴムべらで混ぜたら、Bを加えてⓓ、混ぜる。

3　耐熱容器にバターを入れてふんわりとラップをかけ、電子レンジで30秒ほど（または湯煎で）加熱して溶かす。2の生地をひとすくい入れてゴムべらで混ぜ、2に戻し入れて全体をよく混ぜる。

4　型に3の生地を入れて、160℃に予熱したオーブンで45〜55分焼く。竹串を刺して生地がついてこなければOK。

[シロップを作る]

5　Cを耐熱容器に入れてふんわりとラップをかけ、電子レンジで20秒ほど（または湯煎で）加熱してグラニュー糖を溶かす。粗熱が取れたらジンを混ぜる。

6　4を型からはずし、ケーキの上下を返してケーキクーラーの上に置き、全面に5をハケで塗るⓔ。ラップで包んで冷ます。

7　Dを混ぜてアイシングを作り、6の全体に薄く塗るⓕ。150℃に予熱したオーブンに1〜2分入れて乾かす。仕上げにライムの皮をすりおろしてかける。

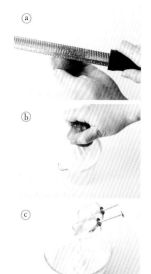

ⓐ

ⓑ

ⓒ

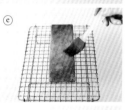

ⓓ

ⓔ

ⓕ

グレープフルーツ（ホワイト）の苦みを生かした、
大人のプリンです。
ホワイトラムとミントで爽快感をプラスしました。
グレープフルーツのために研究を重ねたレシピなので、
他の柑橘ではなく、
ぜひグレープフルーツで作ってください。

グレープフルーツのプリン

材料 容量100mlのグラス4個分

グレープフルーツ

　　… 200g（皮、薄皮、種を取った正味）

グラニュー糖 … 80g

板ゼラチン … 5g

ホワイトラム … 5g

A 牛乳 … 100g

│ 生クリーム（乳脂肪分35%）… 50g

［飾り用］

グレープフルーツ（ホワイト）… 1個

B グラニュー糖 … 15g

│ ホワイトラム … 5g

ミント … 適量

＊グレープフルーツは、あれば国産のものを使用。

下準備

＊板ゼラチンを氷水につけてふやかす。

作り方

1　グレープフルーツの皮をむいて実を取り出す。

2　1の実をミキサーにかける。

3　鍋に2とグラニュー糖を入れて1分弱中火にかけ（温度計があれば60℃になったら）、火を止める。

4　ふやかしたゼラチンをぎゅっと絞って水けをきり、3に入れて溶かす。

5　4をボウルに移し、ボウルの底を氷水に当てて20℃程度まで冷やしたら、ホワイトラムを混ぜる。

6　5にAを加え、氷水に当てて、ゴムべらでゆっくりととろみがつくまで混ぜながら冷やす。グラスに入れて冷蔵庫で2時間以上冷やし固める。

7　飾り用のグレープフルーツの皮をむいて実を取り出し、ひと口大に切ってBをまぶす。

8　ミントを適当な大きさに手でちぎって7とあえ、固まった6のプリンの上にのせる。

口の中がキュッと締まるようなすだちの酸味と
青い香りを生かした、爽やかなチーズケーキです。
ベースのチーズケーキに、サワークリームと
生クリームをミックスしたクリームを重ねることで、味に奥行きを出しました。
サクサクのサブレと、とろりとしたケーキの組み合わせを楽しんでください。
時間に余裕がない場合は、もちろんチーズケーキだけでも。
他の柑橘で作る場合は、かぼすやライム、レモン、柚子、オレンジ、
グレープフルーツがおすすめです。

すだちのチーズケーキ

材料

縦18×横7×高さ5cmの長方形型1台分

[サブレ生地]

A バター（食塩不使用）… 50g

　薄力粉 … 80g

　＊ここではエクリチュールを使用。

　アーモンドプードル … 10g

　粉糖 … 30g

卵 … 20g

溶き卵 … 適量

[チーズケーキ]

すだち … 2個

クリームチーズ … 100g

グラニュー糖 … 30g

サワークリーム … 30g

生クリーム（乳脂肪分35%）… 80g

牛乳 … 20g

板ゼラチン … 3g

B サワークリーム … 30g

　グラニュー糖 … 10g

C 生クリーム（乳脂肪分35%）… 10g

　すだちの果汁 … 10g

すだちの皮 … 適量（飾り用）

下準備

＊クリームチーズを室温に戻す。

＊オーブンを180℃に予熱する。

＊Aのバターを1cm角に切って冷凍庫に入れる。

＊板ゼラチンは氷水につけてふやかす。

作り方

[サブレ生地を作る]

1　フードプロセッサーにAを入れて、バターがさらさらになるまで攪拌する。

2　1に卵を入れ、生地がまとまるまで攪拌する。ラップに包み、冷蔵庫で1時間以上寝かせる。

3　2の生地をめん棒で厚さ3mmにのばし（厚手のポリ袋で挟むと作業しやすい）、18×4.5cmのものを2枚、18×7cmのものを1枚分カットする。冷蔵庫で30分寝かせる。

4　3を180℃に予熱したオーブンで15分焼く。

5　焼き上がったら、生地が熱いうちに片面に溶き卵をハケで塗る。

6　小さい生地は卵を塗った面を型の側面に沿わせて入れ、大きい生地は型の底に敷く。入らない場合はナイフで少し切って調整する。

[チーズケーキを作る]

7　ボウルにクリームチーズを入れて、ゴムべらで練って柔らかくし、グラニュー糖、サワークリームの順に加えてその都度混ぜる。

8　7のボウルにすだちの皮をすりおろして入れる。すだちの実を搾って果汁を60g加え、泡立て器で混ぜる。

9　8のボウルに生クリームを入れて、ボウルの底を氷水に当てながら、もったりするまで泡立て器で泡立てる。

10　耐熱容器に牛乳を入れて、ふんわりとラップをかけ、電子レンジで20秒ほど（または湯煎で）加熱する。ふやかしたゼラチンをぎゅっと搾って水けをきり、牛乳にゼラチンを加えて混ぜる。

11　9のボウルに10を茶こしなどでこしながら入れ、泡立て器で混ぜる。

12　6の型に11を入れて表面をならし、冷蔵庫で1時間ほど冷やし固める。

13　ボウルにBを入れてゴムべらで混ぜ、Cも加えてさらに混ぜる。

14　13を12の上にそっと入れて、表面をならし、冷蔵庫で1時間ほど冷やし固める。仕上げにすだちの皮を細切りにし、表面にトッピングする。

柑橘とピスタチオのタルト

リッチな味わいのピスタチオアーモンドクリームを焼き込み、
ふわふわのホイップクリームとたくさんの柑橘を重ねました。
味、香り、色のハーモニーを楽しんでください。
ピスタチオは甘酸っぱい柑橘と相性のいい素材です。
お好みの柑橘を使ったり、柑橘を旬ごとに組み合わせたりして、
オリジナルタルトを作ってみてください。

材料　直径18×高さ2cmのタルトリング1台分

好みの柑橘 … 適量

＊ここではブラッドオレンジ・モロ、オレンジ、タンカン、日向夏、黄金柑を使用。

［タルト生地］

A バター（食塩不使用）… 50g

　薄力粉 … 80g

　＊ここではエクリチュールを使用。

　アーモンドプードル … 10g

　粉糖 … 30g

卵 … 20g

［ピスタチオアーモンドクリーム］

バター（食塩不使用）… 60g

ピスタチオペースト … 20g

グラニュー糖 … 60g

卵 … 60g

アーモンドプードル … 60g

B 生クリーム（乳脂肪分45%）… 50g

　グラニュー糖 … 10g

下準備

＊ピスタチオアーモンドクリームの材料を室温に戻す。

＊Aのバターを1cm角に切って冷凍庫に入れる。

＊ピスタチオアーモンドクリームのアーモンドプードルをふるう。

＊型にバター（分量外）を塗って強力粉（分量外）、なければ薄力粉をはたく。

作り方

［タルト生地を作る］

1　フードプロセッサーに**A**を入れて、バターがさらさらになるまで攪拌する。

2　1に卵を入れ、生地がまとまるまで攪拌する。ラップに包み、冷蔵庫で1時間以上寝かせる。

3　2の生地をめん棒で厚さ3mmにのばす（厚手のポリ袋で挟むと作業しやすい）。

4　3の上にタルトリングを置いて型抜きし、底に敷き込む。余った生地を2cmより少し幅広に切り、型の側面に沿わせて敷き込む。はみ出した部分を内側から外側に向けてナイフで切る。冷蔵庫で30分休ませる。

5　オーブンを180℃に予熱する。4をオーブンシートの上にのせ、型の縁をアルミ箔で覆う。フォークで底面に穴をあけ、予熱したオーブンで20分から焼きする。

［ピスタチオアーモンドクリームを作る］

下準備

＊オーブンを180℃に予熱する。

6　ボウルにバターを入れ、木べらで練って柔らかくし、ピスタチオペーストを混ぜる。

7　グラニュー糖を入れて混ぜたら、卵を少しずつ入れ、その都度ゴムべらで混ぜる。

8　7のボウルにアーモンドプードルを加えて混ぜる。ラップに包んで冷蔵庫で1時間以上寝かせる。

9　ボウルに8を入れ、ゴムべらなどで柔らかくして絞り袋に入れる。5のタルト台に絞り入れ、表面を平らにならす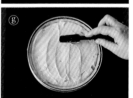。180℃に予熱したオーブンで20分、焼き色がつくまで焼く。

10　ボウルに**B**を入れ、ボウルの底を氷水に当てながらハンドミキサーで泡立て、ホイップクリームを作る。

11　柑橘は皮と薄皮をむいて、5mm程度の厚さの輪切りにする。

12　9の上に10のホイップクリームを塗り、11を並べる。

レモンとローズマリーの
ミルクアイス

ローズマリーの風味をつけたミルクに、レモンの香りと酸味を加えて、スッキリとした味わいのアイスクリームを作りました。ここではさっぱりめに仕上げていますが、生クリームを乳脂肪分45％のものにすると濃厚な味わいが楽しめます。

材料 4人分

レモンの皮のすりおろし … 1個分

レモンの果汁 … 40g

A 牛乳 … 200g

│ グラニュー糖 … 45g

ローズマリー … 10cmのもの3本

生クリーム（乳脂肪分35％） … 100g

作り方

1　小鍋にAを入れて、混ぜ、火にかける。

2　沸騰直前（80℃程度）になったら火を止め、ローズマリーを入れて@、ふたをする。15分おいて香りを移す。

3　ローズマリーを取り出し、2をボウルに移す。ボウルの底を氷水に当てて冷やしておく。

4　別のボウルに生クリームを入れ、ボウルの底を氷水に当てて冷やしながらゆるめに泡立てる。

5　4のボウルにレモンの皮のすりおろしと果汁を入れて泡立て器で混ぜる。

6　5のボウルに3を3回に分けて入れ、その都度泡立て器で混ぜる⑥。

7　保存容器に6を入れて©、冷凍庫でひと晩冷やし固める。途中で何回か泡立て器で混ぜながら空気を含ませる。

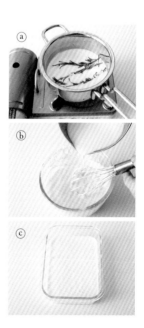

金柑のコンポート

金柑にはビタミンCやビタミンE、
ヘスペリジンが豊富に含まれているので、
風邪予防や美白に効果的です。
ここではオレンジのリキュール、コアントローを使って
コンポートを作りました。
甘くとろりと煮た金柑コンポートが
冷蔵庫に常備されている──。
金柑好きな人はそう思うだけで、
心も体も整うのではないでしょうか。

「金柑のコンポートをたくさん作ったので、お菓子にも使いたい」。
そんなリクエストがしばしば届くので、
お菓子の定番、ショートケーキを作ってみました。
コンポートは作り置きできるので、
フレッシュな果物が冷蔵庫にないというときでも、
すぐにショートケーキが作れます。
ディルで風味をつけることで、
少し個性的な味わいに仕上げました。

金柑とディルのショートケーキ

金柑のコンポート

材料 作りやすい分量 ＊容量500mℓの保存瓶を使用。

金柑 … 200g

A 水 … 100g
　グラニュー糖 … 100g

コアントロー … 大さじ1

下準備

＊保存瓶を消毒する（P47）。

作り方

1　金柑は水（分量外）をはったボウルなどに入れ、よく洗ってヘタを取る@。

2　金柑を横半分に切り、竹串などで種を取るb。

3　鍋にAを入れて中火にかけ、混ぜてグラニュー糖を溶かす。

4　3に2の金柑を入れてペーパータオルなどで落としぶたをし、弱火で10分ほど煮る©。

5　火を止めてコアントローを入れてそのまま冷ます。

6　消毒した保存瓶に入れる。

（保存期間）

・冷蔵庫で約1カ月、冷凍庫で約半年間保存可能です。

金柑とディルの
ショートケーキ

材料 18cm四方の角型1台分

金柑のコンポート（左記参照）
　… 30〜40個

［ジェノワーズ］

A 卵 … 140g
　はちみつ … 12g

グラニュー糖 … 70g

B 薄力粉 … 70g
　ベーキングパウダー … 2g

C バター（食塩不使用）… 12g
　牛乳 … 12g

D 生クリーム（乳脂肪分45%）… 300g
　グラニュー糖 … 30g

ディルの葉（生）… 小さじ1程度

金柑のコンポートのシロップ（左記参照）
　… 適量

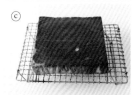

下準備

* すべての材料を室温に戻す。
* オーブンを180℃に予熱する。
* Bを合わせてふるう。
* 金柑のコンポートにディルの葉を混ぜてマリネしておく。
* 型にオーブンシートを敷く。

作り方

[ジェノワーズを作る]

1 ボウルにAを入れてハンドミキサーで混ぜる。

2 1のボウルにグラニュー糖を3回に分けて入れ、その都度ハンドミキサーでもったりするまで泡立てる⊕。

3 2のボウルにふるったBを3回に分けて入れ、その都度ゴムべらでさっくりと混ぜる。

4 耐熱容器にCを入れてふんわりとラップをかけ、電子レンジで30秒ほど加熱（または湯煎）してバターを溶かす。

5 4に3の生地をひとすくい入れてゴムべらで混ぜ、3のボウルに戻し入れて全体をよく混ぜる。

6 型に5の生地を入れて⑥、表面を平らにならす。180℃に予熱したオーブンで30〜35分焼く。

7 型からはずしてケーキクーラーの上で冷ます⑥（時間に余裕があれば、半日〜ひと晩ラップで包んで休ませると、生地がしっとりして扱いやすくなる）。厚さを半分にスライスして、さらに縦半分に切る⑥（このうち3枚を使用する）。

[組み立て]

8 金柑のコンポートは、飾り用に12〜15個を取り分けておく。残りの金柑を半分に切る。どちらもペーパータオルの上に並べて水けをきっておく。

9 ボウルにDを入れ、ボウルの底を氷水に当てて軽く角が立つまで泡立て器で泡立てる。

10 7のジェノワーズ1枚の上面にコンポートのシロップをハケで薄く塗り⑥、9のホイップクリームを塗る。8の金柑を全体に並べて、さらにホイップクリームを塗る⑥。

11 7のジェノワーズ1枚の両面にシロップを塗り、10に重ねる。上面にホイップクリームを塗り、金柑をのせ、10と同様にホイップクリームを塗り、金柑をのせる。

12 11の上に7のジェノワーズを重ねてシロップを薄く塗り⑥、全体にホイップクリームを塗る⑥。残りのホイップクリームを星口金をつけた絞り袋に入れて、上面の縁に絞る⑥。

13 取り分けておいた飾り用の金柑のコンポートを全面に飾る。

グレープフルーツよりも酸味や苦みの少ない日向夏、甘くてジューシーなオレンジ、みかんの甘みにオレンジの香りを足したような清見。

それぞれの柑橘を使って、ジャムを作りました。

途中で味見をしながら、甘みを調整してください。

このレシピは糖度が低めなので、早めにお召し上がりください。

他の柑橘でも作り方は同じです。

清見

日向夏

オレンジ

柑橘のジャム3種

日向夏／清見／オレンジ

日向夏ジャム

材 料 作りやすい分量 ＊容量200mlの瓶を使用。

日向夏 … 約5個
＊清見、オレンジも作り方は同じ。
グラニュー糖 … 適量
レモンの果汁 … 大さじ1
＊柑橘は国産のものを使用。

下準備

＊保存瓶を消毒する（P47）。

作り方

1　日向夏の皮をたわしなどでよく洗う ⓐ。ヘタとおしりを切り落としたら ⓑ、縦に置き、果肉が見えるくらい厚めに皮をむく ⓒ。

2　実と薄皮の間に包丁を入れて ⓓ、実を切り離し ⓔ、薄皮と種と実に分ける。実の重さを量り、その重さの30％のグラニュー糖を用意する。

3　鍋に2の実とグラニュー糖を入れて混ぜ合わせ、1時間以上おいて水分を出す ⓕ。
　＊このときの鍋はアルミ製はNG。酸で腐食しにくいホーロー製、土鍋、傷のないフッ素樹脂加工の鍋を使用しましょう。
　＊グラニュー糖は少なめの分量なので好みで増やしてください

4　3の鍋を中火にかけ、ときどき混ぜながら煮る。

5　好みのとろみがついてきたら火を止める ⓖ。レモン果汁を入れて混ぜる。

6　熱いうちに消毒した保存瓶に入れる。

（保存期間）

・冷蔵庫で約1ヵ月、冷凍庫で約半年間保存可能です。

柑橘のカード2種

レモンカード

柚子カード

クリームのようにとろとろで、ジャムのように甘いフルーツカード。
レモンカードが定番ですが、柚子で作ってもおいしくできます。
クッキーやケーキに挟むときは、コーンスターチを入れて、
固めに仕上げるのがおすすめです。
冷蔵庫に保存しておけるのもうれしいところ。

レモンとハーブのサブレ＆レモンサンドクッキー

レモンとハーブの香りをきかせた

香り豊かな型抜きクッキーです。

ここではレモン型で抜きましたが、

もちろんお手持ちの型でOKです。

もう一種、レモンカードを挟んだクッキーもご紹介。

クリーミーなホワイトチョコレートと

一緒にサンドしました。

柑橘のカード 2 種

レモンカード／柚子カード

材料　作りやすい分量

レモン … 1 個（果汁 50g 分）
＊柚子（2 個）も作り方は同じ。

A 卵 … 40g

　卵黄 … 35g

　グラニュー糖 … 40g

　コーンスターチ … 6g
　＊そのまま食べる場合は不要。

バター（食塩不使用）… 50g

下準備

＊保存容器を消毒する（P47）。

＊バターを 1cm 角に切って室温に戻す。

（保存期間）

・冷蔵庫で約 1 週間、冷凍庫で約 1 カ月間
　保存可能です。

作り方

1　レモンの皮をたわしなどでよく
　洗い、皮を削る ⓐ。半分に切っ
　て、実を搾って果汁 50g を用意
　する（レモンは切る前に電子レ
　ンジで 30 秒ほど加熱すると果
　汁がよく搾れる）。

2　小鍋に A を入れて泡立て器でよ
　く混ぜる ⓑ。

3　2 の小鍋に 1 を入れ、弱めの中
　火にかける。泡立て器で混ぜな
　がら加熱する。

4　とろみがつき、全体がふつふ
　つしてきたら（温度計があれば
　80℃が目安）火を止める ⓒ。

5　4 をボウルに移し、ボウルの底
　を氷水に当ててゴムべらで混ぜ
　ながら粗熱を取る。40℃程度
　になったら ⓓ、氷水からはずす。

6　5 にバターを入れてハンドブレン
　ダーで攪拌してなめらかにする ⓔ
　（ブレンダーがなければ泡立て器
　でよく混ぜてしっかり乳化させる）。

7　消毒した保存瓶に入れる。

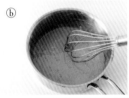

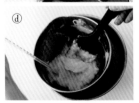

レモンとハーブの
サブレ

材料　7×4.8cm のレモン型で抜いたもの 15 枚分

A レモンの皮のすりおろし … 1/2 個分

　バター（食塩不使用）… 60g

　薄力粉 … 90g
　＊ここではエクリチュールを使用。

　粉糖 … 30g

　ドライタイム … 小さじ 1/2
　＊ドライタラゴンなど好みのハーブでよい。

卵 … 15g

レモンサンド
クッキー

材料

直径 4cm の菊型で抜いたもの 12 個（24 枚）分

レモンカード（左記参照）… 60g

A バター（食塩不使用）… 60g

　薄力粉 … 90g
　＊ここではエクリチュールを使用。

　粉糖 … 30g

卵 … 15g

コーティング用ホワイトチョコレート
　　… 40g

下準備

＊バターを1cm角に切って冷凍庫に入れる。

＊ドライタイムをミルなどで細かくする。

＊天板にオーブンシートを敷く。

作り方

1　フードプロセッサーにAを入れてバターがさらさらになるまで攪拌する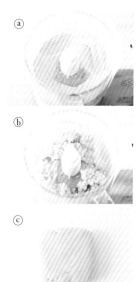ⓐ。

2　1に卵を入れて、生地がまとまるまで攪拌するⓑ。ラップに包みⓒ、冷蔵庫で1時間以上寝かせる。

3　2の生地をめん棒で厚さ3mmにのばし、型で抜く（生地が柔らかいようなら一度冷凍庫で休ませるとよい）。冷蔵庫で30分ほど休ませる。

4　3を180℃に予熱したオーブンで15分焼く。

下準備

＊バターを1cm角に切って冷凍庫に入れる。

＊天板にオーブンシートを敷く。

作り方

1　「レモンとハーブのサブレ」（上記参照）の作り方1〜2と同じ。

2　1をめん棒で厚さ3mmにのばし、型で抜くⓐ（生地が柔らかいようなら一度冷凍庫で休ませるとよい）。

3　2の生地の半分は中央に穴があくように、直径3cmの口金で丸く抜くⓑ。残りの生地とともに冷蔵庫で30分ほど休ませる。

4　3を180℃に予熱したオーブンで15分焼く。

5　ボウルにホワイトチョコレートを入れて、風呂のお湯より少し熱いくらいの温度（温度計があれば55℃）で湯煎して溶かし、サブレの内側に薄く塗るⓒ。

6　レモンカードを12等分にしてのせⓓ、穴のあいたサブレで挟む。

レモンカードのミルフィユ

市販の冷凍パイシートと、作り置きのレモンカードが
あれば、簡単にミルフィユが作れます。
食べるときは上に添えたレモンをさっと搾ってください。
もちろん柚子カードで作ってもおいしくできます。
カードと一緒にレモンや柚子のマーマレードを
サンドするのもおすすめです。

クラシックなレモンパイ

市販の冷凍パイシートにレモンカードを敷いて、
ふわふわに泡立てたスイスメレンゲをたっぷりのせて、
クラシカルなレモンパイを作りました。
レモンカードの代わりに柚子カードで作ると、
個性的な味わいになります。

レモンカードのミルフィユ

材料 4個分

レモンカード (P94) … 200g

冷凍パイシート (20cm四方のもの) … 2枚

粉糖 … 適量

生クリーム (乳脂肪分35%) … 40g

レモンスライス … 4枚

下準備

＊オーブンを200℃に予熱する。

＊天板にオーブンシートを敷く。

作り方

1　冷凍パイシートを24cm四方にのばす。

2　1を200℃に予熱したオーブンで5分焼く。膨らみを抑えるため、上に天板をのせて⒜、さらに20分焼く。

3　天板をはずし、茶こしで粉糖をたっぷりとふり⒝、オーブンの上段で粉糖が溶けるまで焼く。

4　3を波刃包丁で5×10cmのサイズに切る。生クリームは泡立て器でゆるめに泡立てる。

5　レモンカードを口径1cmの丸口金をつけた絞り袋に入れる。

6　4のパイに5を絞り⒞、上にパイを重ねる。さらに5を絞りパイを重ねる。

7　6の上に生クリームをのせ、レモンスライスを飾る。

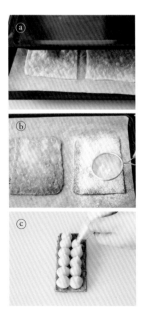

クラシックなレモンパイ

材料

口径 15.5（底径 12）×高さ 2.8 cm のパイ皿 1 台分

レモンカード（P94）… 150g

冷凍パイシート（20cm四方のもの）… 1 枚

［スイスメレンゲ］

卵白 … 40g

グラニュー糖 … 60g

下準備

＊オーブンを 200℃に予熱する。

作り方

1 冷凍パイシートを厚さ 2 mmにのばし 、パイ皿に敷く 。

2 余分なパイ生地をナイフで切り取り 、フォークで穴をあける 。

3 2 にオーブンシートを敷き、タルトストーンをのせる 。200℃に予熱したオーブンで 20 分から焼きする。

4 タルトストーンとオーブンシートを取ってさらに 5 〜 10 分焼き、冷ます。

5 オーブンを 250℃に予熱する。4 にレモンカードを入れて平らにならす 。

［スイスメレンゲを作る］

6 ボウルに卵白を入れてハンドミキサーで混ぜる。グラニュー糖を入れてさらに混ぜる。

7 6 を湯煎にかけて、ハンドミキサーで混ぜながら 50℃まで加熱する 。

8 湯煎からはずし、しっかりと角が立つまでハンドミキサーで泡立てる 。

9 8 を 5 にのせてゴムべらで広げ 、完成写真（P97）を参考にランダムに模様をつける。

10 9 を 250℃に予熱したオーブンで 2 〜 3 分焼き、メレンゲに焦げ目をつける。

柚子とフェンネルの
ダックワーズケーキ

アーモンド風味のメレンゲの焼き菓子に、
固めに仕上げたプリプリの柚子カードと
柚子マーマレードを挟んだ、
贅沢なダックワーズケーキです。
ココナッツとフェンネルの香りをきかせました。
友だち同士の集まりや
手土産にも活躍するお菓子です。

材料　直径16×高さ2cmのタルトリング1台分

柚子カード（P94）… 200g

柚子マーマレード（P60）… 50g

卵白 … 160g

グラニュー糖 … 70g

A アーモンドプードル … 50g

|　粉糖 … 60g

|　薄力粉 … 12g

ココナッツファイン … 50g

粉糖 … 適量

フェンネルの葉 … 小さじ1/2〜1

下準備

＊オーブンは170℃に予熱する。

＊天板にオーブンシートを敷く。

＊卵白は冷蔵庫で冷やす。

＊Aを合わせてふるい、ココナッツファインと混ぜる。

作り方

1　ボウルに卵白を入れてハンドミキサーで混ぜる。

2　1のボウルにグラニュー糖を3回に分けて入れ、その都度ハンドミキサーで混ぜながら角が立つまで泡立てるⓐ。

3　2にAとココナッツファインを3回に分けて入れ、その都度ゴムべらでさっくりと混ぜるⓑ。

4　3を口径1cmの丸口金をつけた絞り袋に入れる。

5　タルトリングの内側をさっとぬらし、4の生地を絞り入れる。さらに生地の上に4を絞りⓒ、表面をパレットナイフで平らにならすⓓ。

6　5のタルトリングをそっとはずすⓔ。同じようにしてもう1枚作る。

7　生地の表面に茶こしなどで粉糖をふるⓕ。粉糖が溶けたらもう一度粉糖をたっぷりふって、すぐに170℃に予熱したオーブンで30分焼く。焼けたら冷ましておく。

8　口径1cmの丸口金をつけた絞り袋に柚子カードを入れてダックワーズの1枚に絞るⓖ。柚子マーマレードを全体にのせ、フェンネルの葉をみじん切りにして散らすⓗ。もう1枚を重ねる。仕上げに粉糖をふる。

柑橘のパート・ド・フリュイ５種

柑橘の果汁を煮詰めて作る固めのゼリー、パート・ド・フリュイは、手作りしてこそおいしいと思えるお菓子です。柑橘の香りと酸味、甘みがギュッと詰まっています。

Citron
レモン

Hyuganatsu
日向夏

Amanatsu
甘夏

Orange
オレンジ

Orange Sanguine
ブラッドオレンジ・モロ

Écorce

Confiture et
Marmelade

レモンピール

レモンマーマレード

日向夏ピール

日向夏ジャム

甘夏ピール

甘夏マーマレード

オレンジピール

オレンジジャム

ブラッドオレンジ
ピール

ブラッドオレンジ・モロ
マーマレード

それぞれの柑橘が持つ甘み、苦み、酸味、色味を存分に楽しんでいた
だくために、レモン、日向夏、甘夏、オレンジ、ブラッドオレンジ・モロ
の5種については、パート・ド・フリュイ、マーマレード、ピール、ジャム
の作り方をご紹介しています。旬が来ましたらぜひ作ってみてください。

レモン　日向夏

甘夏　オレンジ

ブラッドオレンジ・モロ

柑橘のパート・ド・フリュイ5種

レモン／日向夏／甘夏／オレンジ／

ブラッドオレンジ・モロ

材料　18cm四方のキャドル1台分

A レモンの果汁 … 300g

　＊日向夏、甘夏、オレンジ、
　　ブラッドオレンジ・モロも作り方は同じ。

　水あめ … 40g

B グラニュー糖 … 30g

　HMペクチン … 9g

グラニュー糖 … 270g

C クエン酸 … 3g

　水 … 3g

グラニュー糖（仕上げ用） … 適量

＊柑橘は国産のものを使用。

下準備

＊Bをよく混ぜ合わせる。

＊Cをよく混ぜ合わせ、クエン酸を溶かす。

＊オーブンシートの上に型を置く。

作り方

1　鍋にAを入れて中火にかける。

2　40℃程度になったらBを加え、ゴムべらで混ぜて溶かす。

3　2がふつふつしてきたらグラニュー糖を3回に分けて入れ@、その都度ゴムべらで混ぜる。

4　3を強めの中火にし、混ぜながら105℃になるまで煮詰める⑥。煮詰め方が足りないと固まらないので、ここでしっかりと火を通すこと。

5　火を止めてCを入れて混ぜる。

6　5を手早く型に流し入れて表面を平らにならし、そのまま冷ます©。

7　冷めて固まったら3cm四方に切り⑥、仕上げにグラニュー糖をまぶす⑥。

柑橘のナチュラルスイーツ

「柑橘のナチュラルスイーツ」では、焼き菓子の粉として薄力粉、全粒粉、米粉を使っています。米粉はできるだけ指定のものを使ってください。薄力粉、全粒粉はスーパーで手に入る一般的なものでも構いません。他の材料も同様です。

ドルチェ（国産薄力粉）

北海道産小麦100%の菓子用薄力粉。ふんわり仕上がりつつ、口当たりは軽くなりすぎず、しっとり仕上がるのがポイントです。小麦粉の風味が強いのも魅力。

菓子用全粒粉（薄力粉）

薄力小麦をまるごと挽いた全粒粉です。小麦の香ばしさとほのかな酸味、コクがあります。

製菓用米粉

新潟県産のうるち米を粉末にしたもので、粒子が細かいため小麦粉感覚でお菓子作りに使うことができます。ケーキを焼いたとき、適度に気泡が入るのでふんわりした食感に仕上がります。

てんさいグラニュー糖

北海道産のビート（てんさい）のみを原料として作られたグラニュー糖「スズラン印 グラニュ糖」。漂白剤は不使用です。

植物性油（米油）

私は木徳神糧の米油「こめしぼり」を使っています。国産米ぬかを原料とした油で、くせがなく、軽やかに仕上がります。

無臭ココナッツオイル

ココナッツオイルは植物性油では珍しく90%以上を飽和脂肪酸が占めるため、酸化に強いのが特徴です。ココウェルの「有機プレミアムココナッツオイル」を使っています。

ベーキングパウダー

膨張剤はラムフォードのベーキングパウダーを使っています。アルミニウム（ミョウバン）フリーなのが特徴です。

てんさい糖（ビート糖）

北海道のビート（てんさい）を原料とした甘味料です。くせがなくスッキリとした味わいと、粉末状で溶けやすいところが気に入って使っています。お菓子やパン作りのほか、料理にも使えます。摂取後の血糖値の上昇割合が低いことからヘルシーな甘味料として注目されています。

アガベシロップ

アガベシロップはブルーアガベ（リュウゼツラン）から採取したエキスで、天然の甘味料です。てんさい糖と同じく、血糖値の上昇割合が低いことからヘルシーな甘味料として注目されています。さらりとした甘さが好きで、個人的によく使っています。

メープルシロップ

カナダのデカセール社の「メープルシロップ」です。添加物不使用の純度100%。グレードはA。日本人好みのアンバーリッチテイストの品質です。風味とコクのバランスがよく、気に入っています。

甘酒

「3種の柑橘ソルベ」（P42）に使いました。甘酒の味でソルベの味も変わるので、好みのものを選んでください。私は、コクとまろやかさのバランスが好きでマルクラ純正食品の「玄米こうじあま酒」を使っています。

皮なしアーモンドプードル

アーモンドパウダーともいいます。コクを出し、しっとり仕上げるため焼き菓子によく使っています。この章の焼き菓子の決め手といってもいい素材です。

ヴィーガンチョコレート

健康フーズの「DANDY CLASSIC 85」です。乳化剤、香料不使用で砂糖はビートグラニュー糖使用。カカオマス成分85%のビターなチョコレートです。

有機カカオニブ

カカオ豆を粗く砕き、シェル（種皮）や胚芽を取り除いた胚乳部を「カカオニブ」といいます。ナチュラルスイーツでチョコレートの風味を出したいときによく使います。

「エレガントな柑橘のお菓子」では、焼き菓子の粉として薄力粉2種を使っています。指定のブランドのものである必要はありませんが、違うブランドのものを使うと風味や食感などとは変わります。

エクリチュール（薄力粉）

フランス菓子の味を実現しようと、フランス産小麦粉を100%使用して開発された、中力粉に近い薄力粉です。粒子が粗くサラサラしてダマになりにくいのが特徴。焼き上げるとホロホロと優しく崩れる食感で焼き菓子にぴったりです。この章では「日向夏のチョコレートバー」（P70）、「すだちのチーズケーキ」（P80）、「柑橘とピスタチオのタルト」（P82）に使っています。ほかの薄力粉でも作れます。

ドルチェ（国産薄力粉）

北海道産小麦100%の菓子用薄力粉です。ふんわり仕上がりつつも、薄力粉にしてはたんぱく質量が多いため、口当たりが軽くなりすぎず、しっとり仕上がるのが特徴です。小麦粉の香ばしい風味が強いのも魅力的。エクリチュールを使うもの以外はこの薄力粉を使っています。

アーモンドプードル

アーモンドパウダーともいいます。アーモンドを粉末状にしたもので、しっとりさせたり、コクを出したり、少し香ばしさを出したいときに使います。「すだちのチーズケーキ」（P80）、「柑橘とピスタチオのタルト」（P82）、「柚子とフェンネルのダックワーズケーキ」（P100）に使っています。

微粒子グラニュー糖

この章のお菓子に使う砂糖は、すっきりした甘さが気に入っているので、ほとんどが微粒子グラニュー糖です。もちろん上白糖でもかまいません。上白糖を使うとややこっくりとした甘さに仕上がり、焼き色も少し濃くなります。

HM ペクチン

「柑橘のパート・ド・フリュイ5種」（P104）にペクチンを使っています。ペクチンには「HMペクチン」と「LMペクチン」がありますが、必ず「HMペクチン」を使ってください。「LMペクチン」では固まりません。

カライブ

「柚子マーマレードのガトーショコラ」（P66）にヴァローナ社の製菓用チョコレート「カライブ」を使っています。カカオ分を66%含むビターな味わいが特徴です。

ピスタチオペースト

シチリア産のピスタチオを国内で加工した、純正のピスタチオペーストです。この本では富澤商店のものを使っていますが、メーカーによってかなり味が変わります。「柑橘とピスタチオのタルト」（P82）に使っています。

ホワイトチョコレート（パータグラッセ）

パータグラッセは、温度調整をする必要のないコーティング用のチョコレートのことです。ノベルビターともいいます。「レモンサンドクッキー」（P94）に使いました。

コアントロー

レミーコアントロージャパンの、フランス産のプレミアム・オレンジリキュールです。香料や着色料などは使われておらず、オレンジピール、アルコール、水、砂糖の4つの材料だけで造られています。「みかんのババロア」（P75）、「金柑のコンポート」（P88）で使っています。

この本で使った基本の道具

計量スプーン

大さじ（15mℓ）、小さじ（5mℓ）の
ふたつがあれば大丈夫です。

ボウル

ひとつのお菓子の中で粉を混ぜる
作業と液体を混ぜる作業が出てきま
すので、ふたつあると便利です。

電子スケール

分量をより正確に量れるので、でき
れば電子スケールを用意しましょう。

フードプロセッサー

「日向夏のチョコレートバー」（P70）、
「すだちのチーズケーキ」（P80）、
「柑橘とピスタチオのタルト」（P82）
の生地を作るのに使用。手で混ぜ
るよりも早く適切に混ぜられるので、
お菓子作りがぐっと楽になります。

泡立て器

「柑橘のナチュラルスイーツ」では、
粉類を混ぜるとき、または粉類と液
体を混ぜるときに使います。「エレガ
ントな柑橘のお菓子」では主に生ク
リームを泡立てるときに使います。

ハンドミキサー

「エレガントな柑橘のお菓子」で卵
や生クリームをしっかり泡立てるとき
に使います。手で泡立てることもで
きますが、あると便利ですし、お
菓子作りのハードルが下がります。
「柑橘のナチュラルスイーツ」では
使っていません。

ハンドブレンダー

「柑橘のナチュラルスイーツ」で豆
腐クリームを作るとき、「エレガント
な柑橘のお菓子」で「柑橘のカード
2種」（P94）を作るときなど、素材
を攪拌してペースト状にするときに
使います。ミキサーでもOKです。

木べら

「エレガントな柑橘のお菓子」で固
めのバターを柔らかく練るときに使い
ます。

ゴムべら

材料を混ぜたり、すくいあげたりす
るときには弾力のあるゴムべらを使
います。小サイズのゴムべらもある
と少量の材料でも作業しやすいの
で便利です。

スパチュラ

クリームを塗るための道具です。
「エレガントな柑橘のお菓子」の
藤沢さんは、お菓子の大きさや塗
る分量などに合わせて3本持って
いますが、もしもこれから1本目を
買うという方は、30cm程度の中サ
イズのものをおすすめします。

温度計

左）ガラス棒状の200℃まで測れる
料理用温度計です。右）赤外線放
射温度計。−30～550℃まで測定
可能です。早く正確に測れるので、
温度を測ることの多い「エレガント
な柑橘のお菓子」を作る場合は、
ひとつあると重宝します。

オーブンシート

天板に敷いたり、型からお菓子を
取り出しやすくするために型に敷き
込んだりしています。

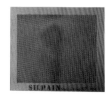

シルパン

洗って繰り返し使えるオーブンシー
ト「シルパン」を藤沢さんは愛用し
ています。メッシュ状になっている
ので熱の通りがよく、生地がきれ
いに焼き上がります。

1   2

口金

口径1cmの丸口金は「甘夏と黒こしょうのガトーバスク」（P68）、「レモンカー
ドのミルフィユ」（P98）、「柚子とフェンネルのダックワーズケーキ」（P100）
に、口径1.2cmの丸口金は「金柑チョコクリーム」（P17）に、星口金は「金
柑とディルのショートケーキ」（P88）に使用しています。

この本で使った主な型

パウンド型

縦15×横7.5×高さ6cmのパウンド型を「柑橘と紅茶のパウンドケーキ」(P24)、「柑橘のスパイシーアップサイドダウンケーキ」(P36)に、縦18×横8×高さ6.5cmのパウンド型を「モヒートのウィークエンド」(P76)に使用しています。

タルト型

直径18cmのタルト型を「ごまクリームの柚子タルト」(P30)に、直径10cmのタルト型を「八朔のフレッシュタルト」(P33)に使用しています。

角型

15cm四方の角型を「柑橘マーマレードのフロランタン」(P26)に使用しています。

丸型

直径12cmの丸型を「柑橘の彩りショートケーキ」(P37)に、直径15cmの丸型を「柚子マーマレードのガトーショコラ」(P66)に使用しています。

マンケ型

マンケ型とは、上面と下面の面積に差があり、側面から見ると台形をしている型のことです。「トルテ型」と呼ばれることもあります。「甘夏と黒こしょうのガトーバスク」(P68)に使用しています。

ゼリー型

容量80mlのゼリー型を「みかんのババロア」(P75)に使用しています。好みのプリンカップなどでも作れます。

長方形型

縦18×横7×高さ5cmの長方形型を「すだちのチーズケーキ」(P80)に使用しています。パウンド型でも作れます。

タルトリング

直径18×高さ2cmのタルトリングを「柑橘とピスタチオのタルト」(P82)に、直径16×高さ2cmのタルトリングを「柚子とフェンネルのダックワーズケーキ」(P100)に使用しています。

キャドル

18cm四方のキャドルを「柑橘のパート・ド・フリュイ5種」(P104)に使用しています。角型でも作れます。

パイ皿

口径15.5(底径12)×高さ2.8cmのパイ皿を「クラシックなレモンパイ」(P99)に使用しています。

柑橘のナチュラルスイーツ

卵・白砂糖・乳製品なしの

冬から春にかけては、柑橘の新しい品種がたくさん店頭に並びます。かわいらしい女の子の名前のようなものもあり、もう覚えられません（笑）。

小さい頃からなじみのあるゆずやすだち、金柑はお菓子に料理にと大活躍してくれます。

柑橘がすごいと思うのは、何より皮も実も丸ごといろいろな使い方ができること。じつは皮の方がお菓子には使えるし、使い道もたくさんあります。

私が一番好きな柑橘はレモンです。お菓子にも料理にも、レモンの皮を入れるのが大好き。

冬になると、伊豆に住む友人とそのお母さまが、お庭で作ったレモンをたくさん送ってくれます。無農薬なので、ちょっとシミがあったり形がいびつだったりしますが、2カ月以上常温で置いておいてもカビたりせず、果汁もたっぷり。とても力強いレモンです。

レモンの皮をお菓子やサラダ、煮込みに刻んだりすり下ろしたりして入れたあと、使い切れなかった果汁は瓶に入れて保存します。これがまた全然傷まないのです。瓶に入れた果汁は時間があるときにレモネードやシャーベットにするのが定番です。輪切りにした柑橘にハーブをつけて冷凍する「冷凍柑橘ハーブ」

（P46）も、皮だけを使ったあとのレモンを使って作ります。レモン以外の柑橘でも同じようにできるので、お好みの柑橘で作ってみてください。

果実を使ったお菓子づくりでは、本来の果実の味を残しつつ、体に負担の少ないものに仕上げたいといつも思っています。今回は甘さ加減と色がポイントでした。柑橘によって酸味が違うので、いつもの砂糖の割合より多いものもあります。

特にマーマレードは通常のものよりかなり砂糖が少なめでとろみも少ないですが、これは果実の味を残したいがゆえの選択です。

シロップは砂糖が少ないため日持ちが短いですし、てんさいグラニュー糖は、グラニュー糖に比べて少し茶褐色な色が出ることもあります。

甘さはお好みで調節してご自身のレシピにしていただけたらと思います。

皮も実も余すことなく使い切れる柑橘を使って、たくさんのお菓子づくりを楽しんでいただけたら幸いです。

今井ようこ

フランス菓子ベースの

エレガントな柑橘のお菓子

この本のテーマである柑橘は、何年も前からスタッフの皆さんと温めていた企画だったので、刊行が決まったときは、「ついに！」と気合が入りました。

柑橘はフランス菓子には欠かせない材料ですが、とにかく種類が多いのが特徴です。どの柑橘をどのお菓子に採用するか、どうすれば柑橘のおいしさや魅力を引き出せるかなど、柑橘を使ったお菓子づくりには頭を悩ませました。

たとえば「柚子マーマレードのガトーショコラ」（P66）。ガトーショコラと柑橘の組み合わせは定番ですが、柑橘を主役にすると当然配合が変わります。ああでもないこうでもないと試行錯誤して、最後はスタッフの皆さんに食べ比べをしてもらい、多数決でレシピを確定させました。

ご紹介しているレシピの中で特におすすめしたいのが、「柑橘のパート・ド・フリュイ5種」（P104）です。パート・ド・フリュイはフランスの伝統菓子であるコンフィズリー（砂糖菓子）のひとつで、果汁をぎゅっと煮詰めて作る贅沢なお菓子です。パリのショコラトリーに宝石のように並んでいる様子を見たことがある方もいらっしゃるかもしれません。市販のパート・ド・フリュイは高価なため、ぜひ手作りで楽しんでいただければと思います。贈り物にも喜ばれること間違いなしです。

この本を作りながら、改めて柑橘の種類の多さとそのおいしさに感激し、生産者さんの努力と研究心の深さに胸を打たれました。1年を通して何かしらの柑橘が手に入るということは本当にありがたいことだと思います。ここ数年で手に入りやすくなった国産のブラッドオレンジ・モロにはすっかり夢中になってしまいました。

さて、読者の方から「温度計がない場合はどうすればいいですか？」というご質問をいただきます。レシピには、温度計がなくても作れるように、「お風呂のお湯より熱いくらい」とか「ふつふつとしてきたら」と目安を書いてはいますが、もし可能でしたら、ぜひ温度計を入手してください。ゼラチンは70℃以上だと固まりにくくなりますし、チョコレートは60℃以上にすると分離しやすくなります。失敗しないお菓子づくりのために、温度計は欠かせないアイテムなのです（200℃まで測れるものがおすすめです）。

まずはお手元にある柑橘を使って、柑橘のお菓子づくりを楽しんでみてください。

藤沢かえで

今井ようこ（いまい・ようこ）

サザビー アフタヌーンティーの企画開発を経てフリー。企業との商品開発のほか、マクロビベースの料理教室roof主宰。著書に「お菓子づくり」シリーズ（共著、誠文堂新光社）、『まいにち食べたいヴィーガンスイーツ』（立東舎）、『豆腐、豆乳、豆乳ヨーグルトのおやつ』（文化出版局）、『蒸すからおいしい 米粉のパンとケーキ』（山と渓谷社）ほか。

藤沢かえで（ふじさわ・かえで）

イル・プルー・シュル・ラ・セーヌフランス菓子本科・卒業研究科修了。パリEcole Ritz Escoffierにて本場のフランス菓子を学ぶ。サロンスタイルのお菓子教室l'erable主宰。著書に「お菓子づくり」シリーズ（共著、誠文堂新光社）。

材料協力
株式会社富澤商店
オンラインショップ　https://tomiz.com/
電話番号：0570-001919

撮影　　　　　邑口京一郎（カバー、柑橘のナチュラルスイーツ）
　　　　　　　中垣美沙（エレガントな柑橘のお菓子）
　　　　　　　南薗妙子（P47の一部）
スタイリング　曲田有子
デザイン　　　高橋朱里（マルサンカク）
校正　　　　　安久都淳子
調理アシスタント　池田香織、古庄香織、粕谷裕子
編集　　　　　斯波朝子（オフィスCuddle）

マーマレードからタルト、スコーン、パウンドケーキ、プリン、ゼリー、おまんじゅう、葛煮まで

柑橘のお菓子づくり

2024年1月17日　発行　　　　　　　　　NDC596

著　者　　今井ようこ、藤沢かえで
発行者　　小川雄一
発行所　　株式会社 誠文堂新光社
　　　　　〒113-0033 東京都文京区本郷3-3-11
　　　　　電話03-5800-5780
　　　　　https://www.seibundo-shinkosha.net/
印刷・製本　図書印刷 株式会社

ISBN978-4-416-52404-6